淘宝×天猫运营一本通

周有贵　潭州教研发展中心　史庆滨 编著

浙江工商大学出版社
ZHEJIANG GONGSHANG UNIVERSITY PRESS | 杭州

图书在版编目(CIP)数据

淘宝天猫运营一本通 / 周有贵，潭州教研发展中心，史庆滨编著. —杭州：浙江工商大学出版社，2019. 1（2019. 5 重印）

ISBN 978-7-5178-3050-4

Ⅰ. ①淘… Ⅱ. ①周… ②潭… ③史… Ⅲ. ①网店—运营管理 Ⅳ. ①F713.365.2

中国版本图书馆 CIP 数据核字(2018)第 274292 号

TAOBAO TIANMAO YUNYING YI BEN TONG

淘宝天猫运营一本通

周有贵　潭州教研发展中心　史庆滨　编著

责任编辑　王　耀　白小平
责任印制　包建辉
封面设计　程　楠
出版发行　浙江工商大学出版社
（杭州市教工路 198 号　邮政编码 310012）
（E-mail：zjgsupress@163.com）
（网址：http://www.zjgsupress.com）
电话：0571-88904980，88831806（传真）
排　　版　南京新翰博图文制作有限公司
印　　刷　杭州宏雅印刷有限公司
开　　本　787mm×960mm　1/16
印　　张　11
字　　数　144 千
版 印 次　2019 年 1 月第 1 版　2019 年 5 月第 2 次印刷
书　　号　ISBN 978-7-5178-3050-4
定　　价　45.00 元

前言
PREFACE

淘宝学习心态

一、耐心

很多淘宝商家喜欢追求“快”，希望只要操作较短时间就能见到显著的效果。实际做淘宝是一件需要耐心的事情。店铺成长需要时间，宝贝成长也需要周期，况且前期店铺有增长或者是宝贝访问量有提升，并不代表能赚到钱，这需要缓冲。所以，淘宝开店可分为三个阶段：成长期、缓冲期、盈利期。不要迷信“三天上首页”“七天盈利多少”这类的技巧，在此之前确实会有这类操作方法，也有能在七天内流量暴增的秘籍，但是随着淘宝平台的更新，这类情况越来越少见。

淘宝平台是为了让更多优质产品展现在客户面前。做淘宝就是做生意，一个店铺能否盘活，最核心的因素还是在于产品。商家做淘宝需要用更大的耐心去思考，去经营自己的店铺，而不是追寻某项技术的快感。淘宝网希望产品好、服务好的店铺得到更多的曝光，而不是吹捧技术的店铺。

二、不骄不躁

不管是学习淘宝，还是学习其他技能，都应该养成不骄不躁的心态。“一入淘宝深似海”，一两个月的学习初见效果，只能说明商家学到了皮毛知识，还远远不够。比如出现一个或者多个竞争力强的对手，一般商家会无从下手，感觉非常迷茫，这就是放弃学习的后果。淘宝平台的规则一直在变，市场也一直在变，所以商家要抱有终身学习的观念，才能让自己立于不败之地。

三、空杯心态

我们要放弃之前传统的淘宝思维，学习更新的淘宝知识，这样才能提高我们的淘宝运营能力。

比如，某些商家在系统学习之前，有一定的运营基础，后来发现书籍上写的操作思路和自己的想法有出入，就表示怀疑，甚至拒绝新知识。……就像一个杯子，里面装满了浑水，如果想获得清水，首先要做的应该是倒掉里面的浑水，这样清水才可能注入这个杯子之中。

目录
CONTENTS

上篇　开店流程——手把手教你开成个性店

下篇　运营实战——玩转推广，轻松盈利

上篇 开店流程
——手把手教你开成个性店

第 1 讲　开家有特色的淘宝店

一、靠特色脱颖而出

随着电子商务的发展，淘宝已经走进大众的生活，逐渐成为不可替代的购物模式。正是因为淘宝的快速发展，才创造了许多的淘宝富翁。这些淘宝卖家可能没有太高的学历，没有太多的工作履历，却凭借对电商的热忱，开创出了新的天地。

做淘宝不难，因为开店很容易，基本不需要门槛。难的是要有特色，把店铺做好。

在众多的商家之中，如何第一时间吸引买家、展现商品，如何培养自己的粉丝群，这些发展的基础只能是店铺特色。

1. 独到的眼光

建店初期，商家要仔细琢磨方方面面，比如注册 ID 名称、店铺名字、产品风格等。商家要有做生意的眼光和战略性的布局。这种生意眼光和战略布局并非商家与生俱来，而是要在商战中不断磨炼才能慢慢达到炉火纯青的境界。

比如，中国第一家定位纯互联网食品品牌的企业“三只松鼠”，也是目前中国销售规模较大的食品类电商企业。三只松鼠品牌于 2012 年 6 月 19 日上线，当年实现销售收入 3000 余万元。2013 年 1 月，月销售额突破 2200 万元，位列全网食品销售第一，2013 年全年销售收入突破 3.26 亿元；2014 年“双十一”单日销售额达 1.09 亿元，全年销售额破 10 亿元，三只松鼠正在用一个个历史性的数字刷新中国电商类食品销售奇迹。它的成功就体现了独到眼光的重要性和战略布局的价值。

2. 特色领先

随着科技的进步、生产工艺的优化，产品的同质化现象越来越严重，竞争逐渐白热化，使得产品基本功能趋同，物质功能因素差异越来越小。面对这一现象，率先提炼商品卖点特色，塑造品牌形象，再把品牌形象嵌入消费者的头脑，在消费者的心中占据一席之地，越来越成为重要的营销策略。

比如，三只松鼠品牌形象设计得不仅超萌而且俏皮，给人以鲜活的生动感和鲜明的质感，无论老幼，都会被松鼠可爱的形象逗得开怀大笑。这使好感和喜感成为快速消除距离感、征服市场与人心的一张好牌。虽然在货品口味上与传统炒货并无二致，但作为礼品消费，作为与亲朋好友分享的消费品，仍有其存在的理由和空间。

三只松鼠的目标人群定位非常明确，它的客户群体定位是“80 后”“90 后”互联网用户群体。“80 后”“90 后”个性张扬，有自己的主见和行为准则，他们追求时尚、享受生活、善待自己，对细节挑剔，习惯网购，注重全方位的消费体验。三只松鼠从命名开始，就很注重契合目标消费者的特点。卡通形象可爱又好记，传播性也强，再配上贴合“80 后”“90 后”群体喜好的可爱动漫形象，迅速成为网购群体关注和喜爱的品牌，其成功便不难理解。

二、靠真情打动客户

打出感情牌，往往是商家抓住顾客最直接有效的方法。很多店铺都在尝试用这种方式圈粉。只有真心对待顾客，顾客才会接触并深入了解产品的附加价值，才有可能深受感染，从而成为最忠诚的顾客。

比如，三只松鼠公司创始人章燎原鼓励客服与顾客多沟通交流，建立除买卖关系以外更深层次的联系，他认为和顾客聊得越久越好。三只松鼠开创了中国电商客服场景化的服务模式，与淘宝的“亲文化”明显不同。三只松鼠客服化身为“鼠小弟”，亲切地称买家为“主人”，并从客服到售后，将“松鼠”的品牌形象立体化，带给买家一次完整的“松鼠与主人”的购物体验。此外，还时不时地跟顾客卖个萌，如“主人，买一个吧”“主人，鼠胖胖在呢”。三只松鼠将消费者和客服的关系演化成主人和宠物的关系，通过拟人化的沟通让客人不仅觉得萌，更是被尊重，增加了品牌的趣味性、独特性和互动性。三只松鼠还基于“80后”“90后”互联网用户群体的定位，适应顾客的各种口味，特意将位于销售链前端的售前客服进行分组，分组的标准则是根据客服的性格与个人偏好。想听“高端大气上档次、奔放洋气有内涵”的，可以找“小清新文艺少年组”客服负责接待；而热衷各种段子、重口味的，则由“丧心病狂组”客服负责接待。这些定位于目标消费群体的营销方式，极大地满足了顾客的消费体验。如此一来，增加了很多回头客，二次购买率不断提升。

三、靠坚持实现梦想

“小而美”的中心观念，源于马云先生在2009年APEC峰会上《未来世界，因小而美》的演讲，在近年来的研究与实践中不断充实，逐步完善。论其本质，“小而美”是某种意义上的生态多样化和可持续发展。它的核心在于对消费者需求的更大满足，比如，在客户体验、仓储物流、产品结构和产品模式等方面，针对消费者高层次需求做出局部创新。局部创新注重商品带来的情感因素，摆脱了纯粹卖货的模式。而拥有这些创新形态的企业，在数据量化呈现上也有特别之处。商家通过商业智能分析，可以发现“小而美”有别于“大而全”的消费曲线，也能通过对消费者反馈的语义分析发现高层次需求所包含的情感密码。

“小”，不是市场小，是细分市场，满足某个群体认同的需求；“美”，是细节之处让用户感动，经营方式创新有新意、追求极致，通过产品、营销、服务等多维度打造最佳客户体验。从大规模、标准化到聚焦消费者个性化、人性化的回归，满足碎片化的需求，众多“小而美”将构成未来商业发展的根基。

中国的电商行业一直被冠以规模至上的印象。该行业通过不断的价格战和规模战，似乎在给投资人、创业者、卖家、消费者传递一种观念：规模最终将提升这个行业的竞争门槛。这种主流的思维提倡“大而全”的激进增长，而忽视由众多中小卖家构成的多样性。

几年以后，中国的消费者将更为挑剔，以便宜、折扣为卖点的商业模式并不足以吸引他们。从盲目做大规模回归到产品品质、个性化、多样性，以及消费者黏性至关重要。淘宝提出了另一种商业模式：从关注头部卖家转向打造长尾多样性和互动性卖家，也就是挖掘淘宝上小而美的企业。小而美的店铺或者小而美的商品并不是纯粹的卖货，这些独具个性的商品和店铺的背后是人，是卖家和买家在情感上的交流和捆绑。

相比大卖家和品牌商，小而美的店铺更容易创造一种互动的氛围。用户和卖家的关系被简化为“买家—商品—卖家”。买家有自己的精神需求，卖家卖自己的理念，商品作为核心纽带将两者联系起来。在这种关系中，淘宝不仅仅是一个交易的平台，而且是一个可以“玩”起来的平台，包含了用户方方面面的需求。

回归到公司层面，在流量越来越难获取的今天，新用户的引入成本在不断上升，最需要的是提升用户的黏性、回头率等指标。

第 2 讲　淘宝开店基本规则

一、淘宝基础规则

1. 市场管理措施

为了优化消费者的购物体验，维护淘宝市场正常运营秩序，淘宝按照本规则规定的情形对会员及其经营行为采取以下临时性市场管控措施：

（1）警告，是指淘宝通过口头或书面的形式对会员的不当行为进行提醒和告诫。

（2）商品下架，是指将会员出售中的商品转移至线上仓库。

（3）单个商品搜索降权，是指调整商品在搜索结果中的排序。

（4）全店商品搜索降权，是指调整会员店铺内所有商品在搜索结果中的排序。

（5）单个商品搜索屏蔽，是指商品在搜索结果中不展现。

（6）单个商品单一维度搜索默认不展示，是指商品信息在按价格、信用、销量等单一维度的搜索结果中默认不展现，但可经消费者主动选择后展现。

（7）全店商品单一维度搜索默认不展示，是指会员店铺内所有商品在按价格、信用、销量等单一维度的搜索结果中默认不展现，但可经消费者主动选择后展现。

（8）限制参加营销活动，是指限制卖家参加淘宝官方发起的营销活动。

(9) 商品发布资质管控，是指会员在特定类目或属性下发布商品时，须按系统要求上传真实有效的资质信息。

(10) 单个商品监管，是指在一定时间内商品信息无法通过搜索、商品链接等方式查看。

(11) 店铺监管，是指在一定时间内会员店铺及店铺内所有商品信息无法通过搜索、店铺或商品链接等方式查看。

(12) 支付违约金，是指根据协议约定或本规则规定由卖家向买家或淘宝支付一定金额的违约金。

(13) 卖家绑定的支付宝收款账户的强制措施，是指对与卖家的淘宝账户绑定的支付宝收款账户采取的限制措施，包括但不限于取消收款功能、取消提现功能、禁止余额支付、交易账期延长、交易暂停、停止支付宝服务等。

2. 市场管理情形

(1) 卖家应积极改善自身经营状况，为消费者提供高品质的商品及优质的服务。对于符合商品品质好、服务质量高等情形的卖家，淘宝会适当给予鼓励或扶持的措施。

(2) 会员须按照淘宝认证要求，提供本人（包含企业）真实有效的信息。

① 会员提供的信息包括但不限于：身份信息、有效联系方式、真实地址、支付宝相关信息等证明身份真实性、有效性、一致性的信息。信息不全、无效或虚假的，将无法通过认证。

② 为保障会员认证信息的持续真实有效，维护消费者权益，对已经通过淘宝认证的会员，淘宝将视情况通过定期或不定期复核的方式，验证认证信息的真实有效性。如在复核过程中发现会员提供的认证信息不全、无效或虚假，淘宝将依据情形严重程度，采取限制旺旺登录、限制发布商品、下架商品、店铺屏蔽、删除店铺、限制创建店铺等临时性的市场监管措施。

(3) 卖家应妥善管理其所发布的商品信息。对近 90 天内未编辑、未经浏览且未成交的商品，淘宝将定期进行商品下架。

3. 违规处理措施

为保障消费者、经营者或淘宝的正当权益，在会员违规处理期间淘宝按照本规则规定的情形对会员采取以下违规处理措施：

(1) 店铺屏蔽，指在搜索、导航、营销等各项服务中对会员店铺及商品等信息进行屏蔽。

(2) 屏蔽评论内容，指信用积分、店铺评分、退款售后评分等积分正常累计，但在商品详情页、信用评价页等页面对评论内容进行屏蔽。

(3) 限制评价，指禁止评价人对交易进行评价。

(4) 评价不累计，是指买卖双方交易后产生的信用积分和店铺评分不累计。

(5) 删除评价，指信用积分、店铺评分、售后评分等删除不计分，并删除评论内容。

(6) 销量不累计，是指买卖双方的交易不计入成交记录中，不在商品详情、搜索等结果中展示或引用。

(7) 删除销量，是指删除该笔交易的成交记录，在删除后将不在商品详情、搜索等结果中展示或引用。

(8) 限制发布商品，指禁止淘宝会员发布新商品。

(9) 限制发布特定属性商品，指禁止淘宝会员发布如二手、代购、产地、型号等特定属性的商品。

(10) 限制商品发布数量，指限制店铺内在线出售中的商品数量。

(11) 限制发布类目数量，指限制店铺内在线出售中的商品类目数量。

(12) 限制发布特定类目商品，指禁止淘宝会员发布特定类目的商品。

（13）限制使用商品发布的特定功能，指限制淘宝会员发布商品时使用图片的数量、视频、SKU 自定义功能等。

（14）限制使用特定管理工具，指限制淘宝会员使用商品、订单及店铺相关特定管理工具。

（15）限制发送站内信，指禁止淘宝会员发送站内信。

（16）限制社区功能，指禁止淘宝会员使用淘江湖、论坛、帮派、打听等社区类服务。

（17）限制买家行为，指禁止淘宝会员收藏商品、添加购物车、购买商品。

（18）限制发货，指禁止淘宝会员操作处于“买家已付款，等待卖家发货”状态的交易。

（19）限制使用阿里旺旺，指禁止淘宝会员使用阿里旺旺。

（20）限制网站登录，指禁止淘宝会员登录淘宝网页。

（21）关闭店铺，指删除淘宝会员的店铺，下架店铺内所有出售中的商品，禁止发布商品，并禁止创建店铺。

（22）公示警告，指在淘宝会员的店铺页面、商品页面、阿里旺旺界面，对其正在被执行的处理进行公示。

（23）查封账户，指永久禁止会员使用违规账户登录淘宝，使用阿里旺旺等工具。

4. 违规处理

淘宝对会员的严重违规行为（除出售假冒商品外）采取以下节点处理方式：

（1）会员严重违规扣分（除出售假冒商品外）累计达 12 分的，给予店铺屏蔽、限制发布商品、限制创建店铺、限制发送站内信、限制社区功能及公示警告 7 天的处理。

（2）会员严重违规扣分（除出售假冒商品外）累计达24分的，给予店铺屏蔽、下架店铺内所有商品、限制发布商品、限制创建店铺、限制发送站内信、限制社区功能及公示警告14天的处理。

（3）会员严重违规扣分（除出售假冒商品外）累计达36分的，给予关闭店铺、限制发送站内信、限制社区功能及公示警告21天的处理。

（4）会员严重违规扣分（除出售假冒商品外）累计达48分的，给予查封账户的处理。会员因单次违规扣分较大，导致累积扣分满足多个节点处理条件的，或在违规处理期间又须执行同类节点处理的，仅执行最重的节点处理。

5. 严重违规行为

（1）不当注册的，淘宝对使用软件、程序方式批量注册而成的账户每次扣48分。

（2）发布国家禁止出售的商品或信息。

（3）出售假冒商品。

（4）假冒材质成分。

（5）盗用他人账户。

（6）泄露他人信息。

（7）骗取他人财物。

（8）扰乱和破坏公平竞争、平等交易的市场秩序。

（9）采用不正当手段牟取利益或采用其他手段牟取不正当利益。

（10）拖欠淘宝贷款。

6. 一般违规行为

（1）发布禁售信息。

（2）滥发信息，包括广告信息、信息与实际不符、信息重复、商品要素不一致、规避信息、品牌不一、行业特殊要求。

(3) 发布未经准入商品。

(4) 虚假交易。

(5) 描述不当。

(6) 违背承诺。

(7) 竞拍不买。

(8) 骚扰他人。

(9) 滥用会员权利。

(10) 未依法公开或更新营业执照信息。

(11) 不当使用他人权利。

(12) 发布混淆信息。

(13) 提供虚假凭证。

二、淘宝网定制商品管理规范

(一) 定制商品包含的定制维度

定制商品包含的维度包括但不仅限于以下几个方面：

(1) LOGO/图案/文字印制：卖家按照买家指定的 LOGO、图案、文字等在商品上进行印制、描绘等。

(2) 定制尺寸：卖家根据买家提供的尺寸，或卖家为买家上门量制的尺寸对商品进行生产、加工。

(3) 定制面料/材料/颜色：卖家按照买家提供或指定的面料、材料、颜色来生产、加工的商品。

(4) 按样加工：卖家根据买家提供或双方确认一致的样品进行后续生产、加工的商品。

(5) 按图加工：卖家根据买家提供或双方确认一致的图纸、照片、设计稿等进行后续生产、加工的商品。

(6) 个性设计：卖家为买家提供个性化的图形、形象、商品等创意或设计服务。

以下类目商品符合任一定制维度条件的即属于定制范畴：

一级类目	定制维度					
	LOGO印制	定制尺寸	定制面料/材料/颜色	按样加工	按图加工	个性设计
住宅家具		√	√	√	√	√
个性定制/设计服务/DIY	√	√	√	√	√	√
商业/办公家具	√	√	√	√	√	√
电子词典/电纸书/文化用品	√	√	√	√	√	√
运动/健身/球迷用品	√	√	√	√	√	√
包装	√	√	√	√	√	√
装修设计				√	√	√
全屋定制	√	√	√	√	√	√
居家布艺		√	√	√		√
宠物/宠物食品及用品	√	√	√	√	√	√
户外/登山/野营/旅行用品	√	√		√	√	√

（二）选择定制商品的标识

在商品发布/编辑操作过程中，对属于定制范畴的商品，需要在发布信息中“宝贝定制”内容项勾选“支持定制”选项。

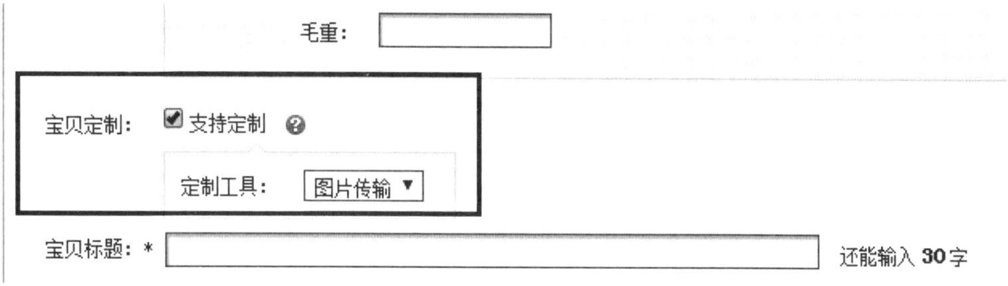

（三）定制商品在商品页面展示方法

在商品发布/编辑操作中勾选了“支持定制”选项的商品详情页面，商品标题前面会自动加上“定制”标识。

不支持“七天无理由退货”提示文案。

定制商品是不支持“七天无理由退货”服务内容的，商家与买家有另行约定的从其约定。比如，卖家加入特殊服务保障（如极有家极保障）或卖家自行承诺支持“七天无理由退货”等。

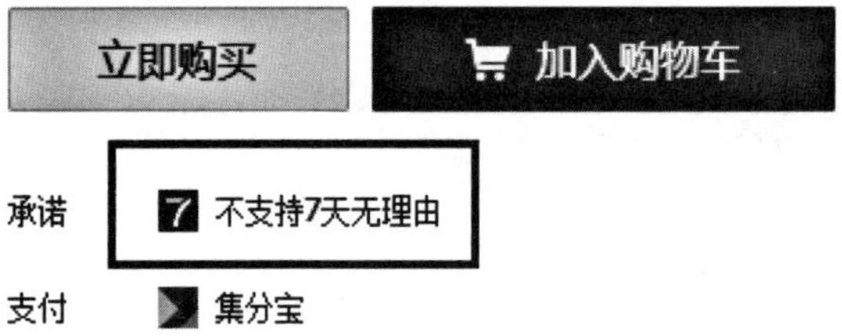

在详情页中，有提供给买家提交定制素材的工具，买家可在此提交素材图片，卖家可在订单详情中下载买家提交的素材，根据要求进行定制操作。

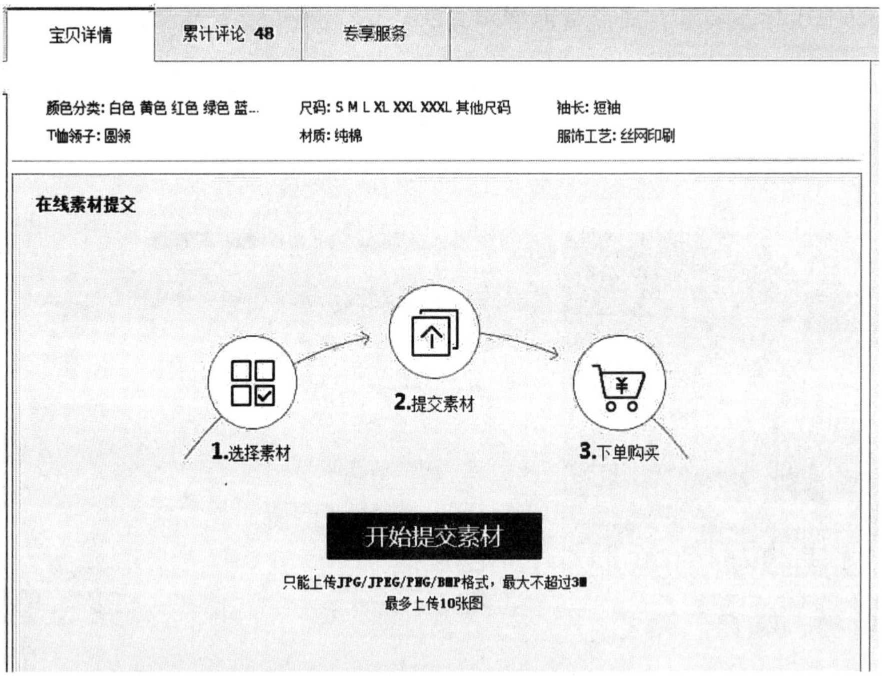

三、淘宝网商品材质标准

1. 材质发布

材质发布指，卖家在商品页面如商品标题、属性、详情、图片等区域描述材质信息、进行商品发布时，需要按照材质标准定义、名录来编辑填写，同时需要遵循以下要求：

（1）对商品的材质信息进行真实、完整的描述，确保商品的实际材质与描述相一致，同时符合相应行业标准要求。

（2）在商品页面各要素中出现关于材质信息描述的，确保商品各要素间材质信息描述一致。

2. 商品发布

商品发布指，卖家需要在发布宝贝时，填写商品所属品牌，规则如下：

（1）首次品牌信息填写错误，淘宝将强制性对产品进行下架处理。

（2）第二次品牌信息填写错误，淘宝将对产品进行下架且扣 2 分处理。

3. 违规处理

卖家违反本标准相关规定，淘宝将依照《淘宝规则》及其他相关规则对其进行处理：

（一）违反本规则第五条第一项：

1. 通过商品信息或商品服务数据发现的，依照《淘宝规则》描述不符相关规定，每次扣 3 分，并删除该商品；

2. 通过消费者投诉且经淘宝网核实的，依照《淘宝规则》描述不符相关规定，每次扣 12 分，并删除该商品；

3. 通过淘宝网商品品质抽检发现的，依照《淘宝网商品品质抽检规则》，进行相应处理。

（二）违反本规则第五条第二项规定，若通过商品信息层面发现的，依照《淘宝规则》滥发信息相关规定，进行相应处理。

四、淘宝网禁售商品管理规范

1. 禁售商品

（1）禁售商品，是指淘宝用户不得出售国家法律法规禁止出售，或根据淘宝平台管理要求禁止出售的商品。

（2）禁发信息是指，淘宝用户不得在淘宝商品页面（包括但不限于商品标题、商品描述、商品图片），淘宝店铺装修页面（包括但不限于店铺名、店铺分类、店铺介绍、店铺公告、店铺留言），以及社区和论坛等信息发布区块发布禁售商品相关信息。

（3）禁止规避是指，淘宝用户不得通过任何方式规避本规范及其他淘宝禁售商品管理措施。

（4）发布规范是指，淘宝用户发布特定品类商品及信息的，须符合特定的发布规范。

（5）违规预防是指，会员发布前述禁售商品及信息时，淘宝有权对其发布的涉嫌违规信息进行提示、替换、拦截等操作。

2. 违规处理

淘宝用户发布前述禁售商品及相关信息的，依据《淘宝规则》将对其进行违规处理，处理措施包括：

（一）自检自查

根据《淘宝规则》结合本规范中列明的具体违规情形，每个自然年内，给予卖家自检自查机会（情节严重、情节特别严重、造成严重后果等特殊情形除外）。自检自查的总体适用原则为：

1. 严重违规行为所有扣 12 分情形下：一日。

2. 严重违规行为所有扣 6 分情形下：一日。

3. 严重违规行为所有扣 2 分情形下：累计两日。

4. 一般违规行为所有扣 12 分情形下：一日。

（二）严重违规行为

1. 每次扣 48 分。

2. 每次扣 12 分；情节严重的，每次扣 48 分。

3. 每次扣 6 分；情节严重的，每次扣 12 分；情节特别严重的，每次扣 48 分。

4. 每次扣 3 分；情节严重的，每次扣 12 分；情节特别严重的，每次扣 48 分。

（三）一般违规行为

1. 每次扣 12 分；情节严重的，每次扣 48 分。

2. 每次扣 6 分。

3. 每次扣 2 分。

4. 每件扣 1 分（但三天内累计扣分不超过 7 分）；会员若在店铺装修区、阿里旺旺或淘宝门户类页面发布的，每次扣 4 分。

5. 每件扣 0.2 分（但三天内累计扣分不超过 7 分）；会员若在店铺装修区、阿里旺旺或淘宝门户类页面发布的，每次扣 4 分。

为进一步保障买家权利，淘宝网有权对违反上述情形的卖家，采取交易账期延长等强制措施。

第 3 讲　网上开店：开店前期的详细步骤

一、确定货源

1. 货源渠道

新加入淘宝平台的卖家由于资金有限，更需要相对较好的货源来支持店铺的运转。一般来说，常用的货源渠道分线上和线下两种类型。

线上渠道：如阿里巴巴批发网“www.1688.com”，该平台有很多供货商支持一件代发操作。

线下渠道：国内有很多商品集散基地，如湖南株洲、浙江义乌、广东深圳等，这些地方的货物一般价格实惠，款式多。卖家可以根据所在区域选择对应的货源地区作为进货渠道。

2. 选款

一般的中小卖家，希望短时间内做起一个品牌，快速得到市场认可，赚到自己的第一桶金，那么，最常用的也是最有效的选款方法是跟售热卖款。此处以使用阿里巴巴平台为例，选择一个热卖款并确定热卖款的货源。（注：步骤中的图片只用来介绍方法，并不连续。）

(1) 第一步，打开360安全浏览器，单击“扩展中心”选项，打开“360应用市场”页面。

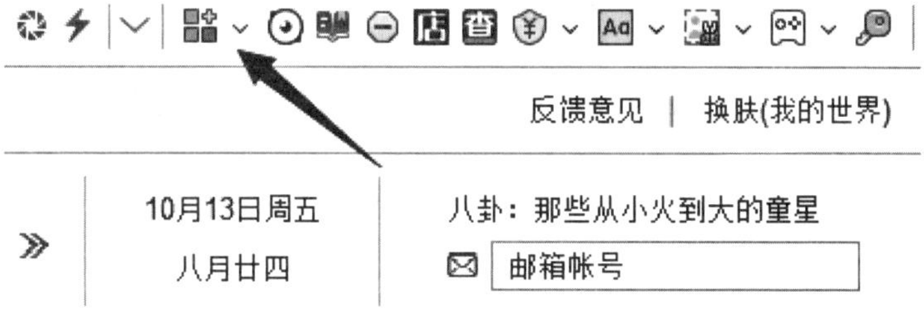

在搜索框中搜索并安装“电商记”“淘货源”等插件（以360安全浏览器为例，在电脑端安装）。

（2）第二步，以男生外套为例，淘宝搜索产品相关关键词“外套男”，并找到相符合的潜力热卖款宝贝。

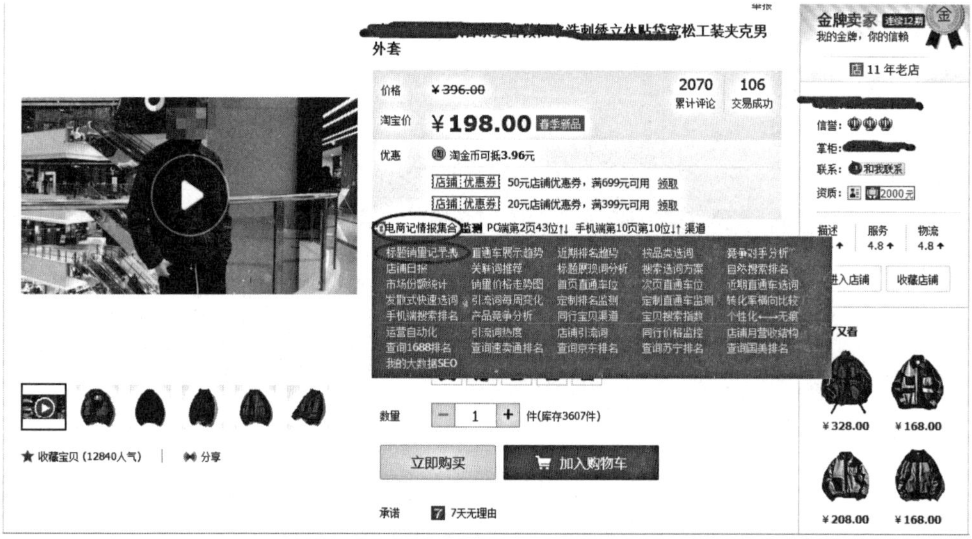

一般而言，判断商品是否热卖的标准是从产品上架到现在的时间（一般以两个月为期）内，产品销量和收藏是否直线上升。

产品销量趋势如图所示。

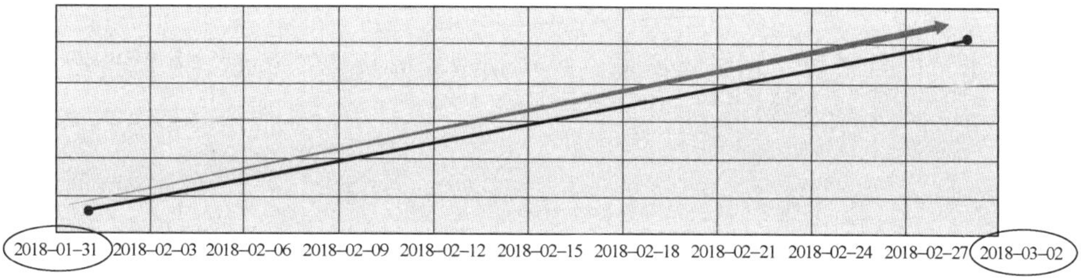

产品收藏趋势如图所示：

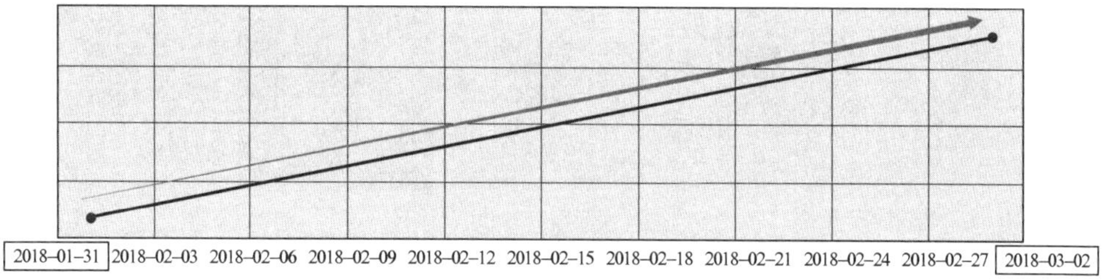

（3）第三步，确定这款产品是个潜力热卖款后，如果该产品与卖家所求产品相符合，在商品页面内会出现“同款货源”内容。

单击“同款货源”超链接区域，跳转到“相似货源”页面，在此选择合适的供货商。

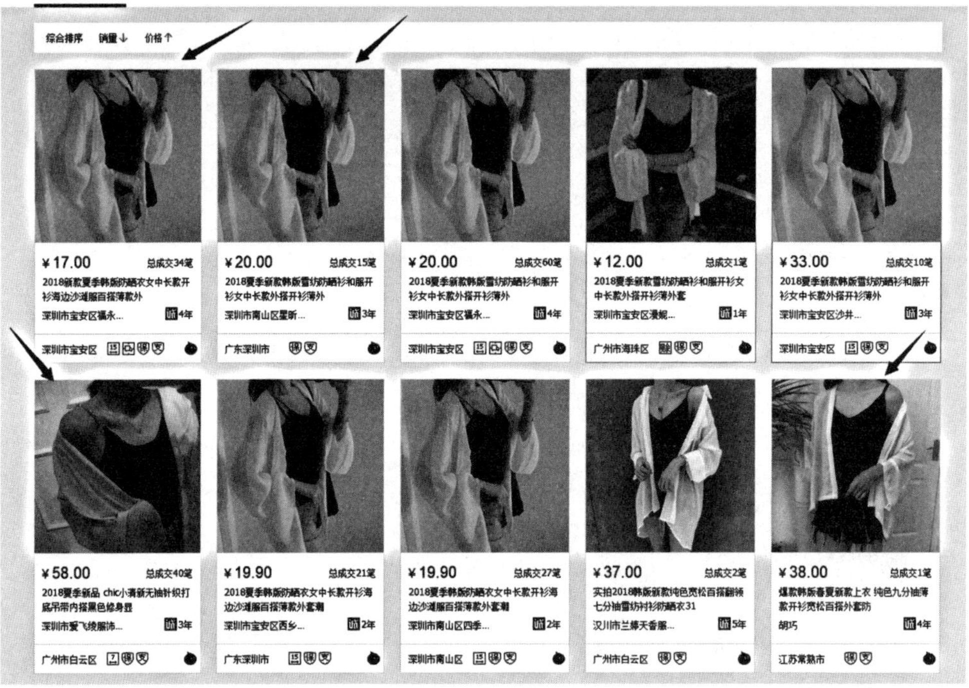

单击选定的产品，进入该产品页面，单击页面上“申请代理”超链接，可申请成为该商家的代理分销商。

（4）第四步，用旺旺和1688平台的厂家进行沟通，确定热卖款货源。货源确定后可以一键将该产品信息传到自己的店铺中，完成商品上架。

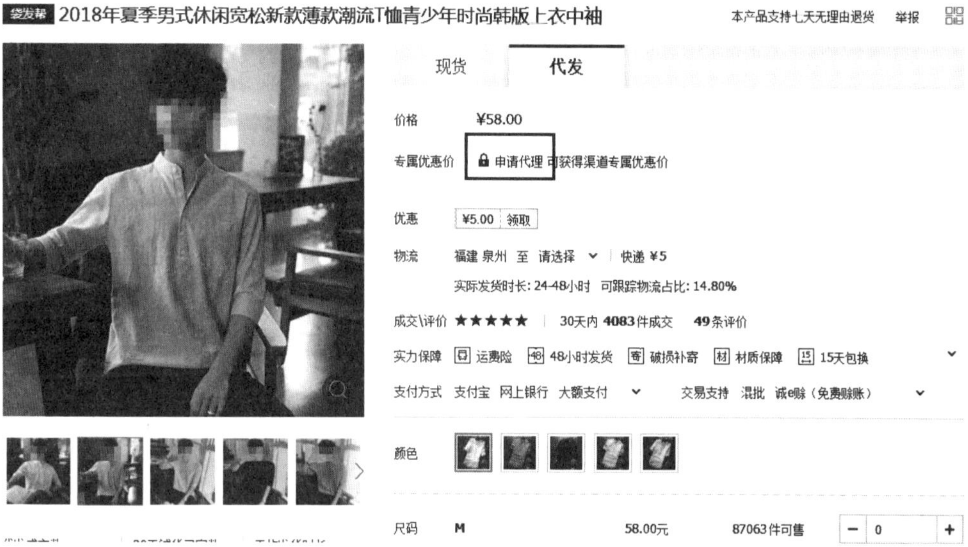

二、店铺定位

在淘宝平台上，有数以百万计的店铺，淘宝平台会有针对性地给予一定的扶持政策，扶持相对优质店铺，助力其快速成长。作为新手卖家，需要了解平台扶持的对象为小而美的店铺。

1. 确定市场定位

市场定位分为低端市场、中端市场、高端市场。确定市场定位将决定后期的产品定价和操作方法。比如说，如果选择高端市场的话，产品售价会高于行业平均值，那势必要在产品品质、包装精美度、用户购买体验、品牌附加价值等方面做更多努力，否则没有任何符合高端市场的东西呈现给消费者，就会失去定位高端市场的意义，所做的市场定位就会不准确，就是失败的。

2. 确定目标人群

应该了解店铺的产品、风格及类型和哪类人群相关，这类人群有哪些特性，如他们喜欢的价位区间、消费层次，他们的爱好、风格、年龄阶段、男女比例、星座等。商家只有足够了解客户，才能更好地进行营销。

3. 确定店铺类型

结合商家实际情况，确定前期是做小而美店铺，还是专一店、品牌店、杂货店。一般中小卖家建议选择小而美店铺或专一店。

4. 确定店铺风格

店铺装修风格与产品及消费人群风格应相符。整体店铺装修出来的风格和气氛要与商家原本的产品相匹配，例如，某个高客单价产品，店铺营造出来的氛围却很低端，会瞬间拉低用户对店铺的体验效果。

5. 确定经营理念

通过品牌向消费者输出的价值观或者品牌印象，即为经营理念。比如说，茶叶类目里的巨头“艺福堂”的广告语是“做有态度的茶”，就体现了其“品质源于专业，专业创造价值”的经营理念。

三、产品定位

在一个店铺中，大部分产品注定是“配角”，因而，商家要做好产品定位，区分特推精品和陪衬商品。对于特推精品，要保证充足的库存、良好的口碑、详尽的描述、可观的利润，所有商品都要尽可能向它们引流。而陪衬商品的作用是打折、引流、做赠品，甚至降权，等等。

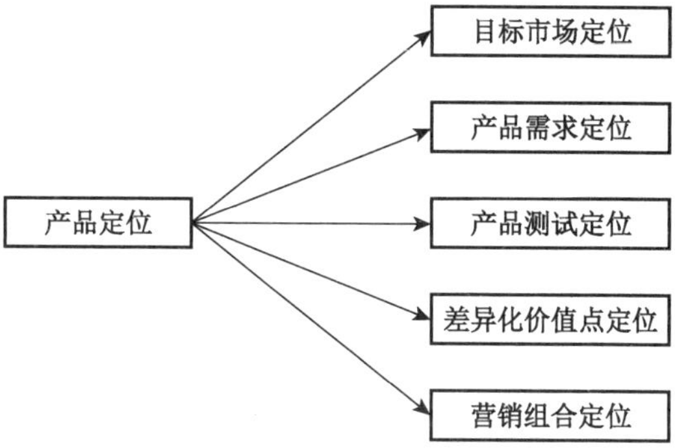

四、 开店准备

1. 确定行业

商家应该选择从熟悉的行业着手，做开业准备。以下几种类型的行业，新手需要谨慎考虑：①巨头形成垄断的行业；②品牌效应非常强的行业；③时机效应比较突出的行业。该类行业对商家自身拥有的资源要求非常高，难度系数非常大。新手商家尽量选择有一定搜索人气，竞争压力相对小的类目。

2. 产品细分

现在是信息时代，买家用户每天接触到的广告、营销信息等数不胜数。买家用户会筛选出符合自己喜好的信息或者产品去买账。将精准的产品推送给精准的人群才会得到最大化的效益。因而，对于新手商家来说，着重于某一领域的细分产品，把客户需求表现极致化，成功的可能性会更大。

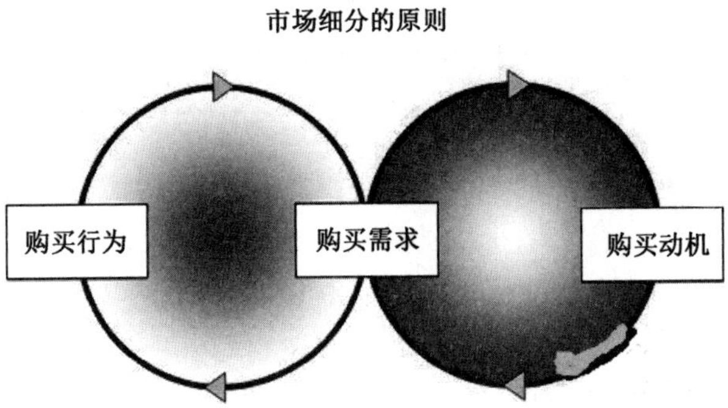

3. 支付宝账号建立及安全保障

输入 https：//www. alipay. com，进入支付宝官网，然后点击注册，出现注册界面，输入自己的手机号码，收到验证码，输入验证码后点下一步。

在弹出的对话框中，按顺序填写相关注册信息。

注册完成后，设置安全问题，方便以后找回账号。

设置成功后，成为支付宝会员，支付宝会提供账户资金保障、余额支付保障、快捷支付保障等服务项目。如果资金来往频繁，且金额大，商家可以购买支付盾和支付宝账户安全险。

支付宝一定要进行实名认证，只有经过实名认证的账户才可以注册淘宝店铺。

4. 注册店铺

淘宝平台可以注册个人店（C店）、企业店、天猫店三个类型的店铺。一般新手只需申请C店即可。打开淘宝卖家中心，登录会员账号（注意，只有通过支付宝实名认证的用户才可以开店），登录自己的会员后台，点击卖家中心的免费开店，创建个人店铺，依据系统提示一步步操作，并且完善个人支付宝认证信息，提供身份证的正反两面照片，以及人像照等相关资料，等待审核。审核通过，即可开店。

5. 店铺装修

店铺的装修不能仅仅停留在美观层面，而是要根据产品风格，以及受众人群风格来装修自己的店铺，装修本身也是营销的重要手段之一。依照人群特征，需要选择不同的色调图片或定制场景。采用普通装修的店铺，可使用装修模板或用神笔工具进行操作。会 Photoshop 的商家，也可自行设计、制图，进行操作。

6. 缴纳消费者保障金

商家开店务必缴纳消费者保障金，以此提升服务水平。消费者保障金的用途是维护消费者权益，使消费者在店内放心消费。保障金缴纳之后，店铺也会在某种程度上增加权重。

（注：这项功能有可能会被骗子用来骗取钱财。比如，在商家未缴纳保障金或者对保障金用途不清楚的情况下，骗子用几个买家号到卖家店铺进行商品购买，然后告诉商家自己的支付宝被冻结，是因为商家没有缴纳消费者保障金。同时，商家可能会收到一个类似官方的消息，提醒商家到淘宝以外的其他平台上缴纳保障金。卖家需要注意，这类保障金的缴纳渠道只有在卖家中心有官方入口，切记不可以离开淘宝平台去其他任何平台进行缴费，以免上当。）

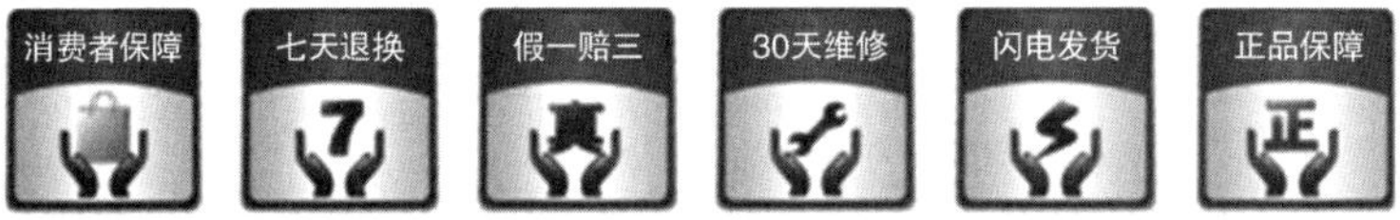
消费者保障
七天退换
假一赔三
30天维修
闪电发货
正品保障

第 4 讲　视觉制胜：让买家怦然心动的宝贝

一、产品拍摄质量

优质商品图片是淘宝店铺经营的重要基础，对商品拍摄质量务必足够重视。

商品拍摄的总体要求是将商品的“形”“质”“色”充分表现出来，而又不夸张。

“形”是指商品的形态、造型特征及画面的构图形式。

“质”是指商品的质地、质量、质感。商品拍摄对质的要求非常严格。体现质的影纹层次必须清晰、细腻、逼真。尤其是细微处，以及高光和阴影部分，对质的表现要求更为严格。在拍摄过程中，要用恰到好处的布光角度、恰

如其分的光比反差，以求更好地完成对产品质的表现。

“色”是指商品拍摄要注意色彩的统一。要注意色与色之间应该是互相烘托，而不是相互对抗，各种色调应该是统一的整体。“室雅无须大，花香不在多”，在色彩的处理上应力求简、精、纯，避免繁、杂、乱。

二、视觉效果

在淘宝上，卖家看到最多的是图片。一张具备特色的图片能够带来良好的视觉效果，从而吸引顾客的眼光，引导其选择该产品。

商家要站在用户的角度思考问题，要知道用户所想，要有满足用户需求的心，将产品最真实的一面、客户最想看到的一面展现出来，以保证和同行的产品有差别，以此在竞争中胜出。

(1) 产品主图适当增加营销文案，但要符合商品的实际情况，不可夸大其词。例如，“今天下单全场五折”“月销 1000+”等词句，不可使用。

（2）主图要凸显商品特点和卖点，直接让客户通过图片看到商品的使用效果。

（3）主图主题明确，不要有过多无关文字及导向淘宝系统外的联系方式等内容出现。淘宝系统会不定期针对主图营销文案进行稽查。

第 5 讲　千牛：助你与买家顺畅沟通

一、千牛的页面功能介绍

千牛是重要的淘宝卖家日常用工具软件，正确使用千牛可以使运营工作变得简单、便捷。千牛页面主要功能需要熟练掌握并应用。

（1）打开千牛登录页面，输入淘宝账号并且登录。

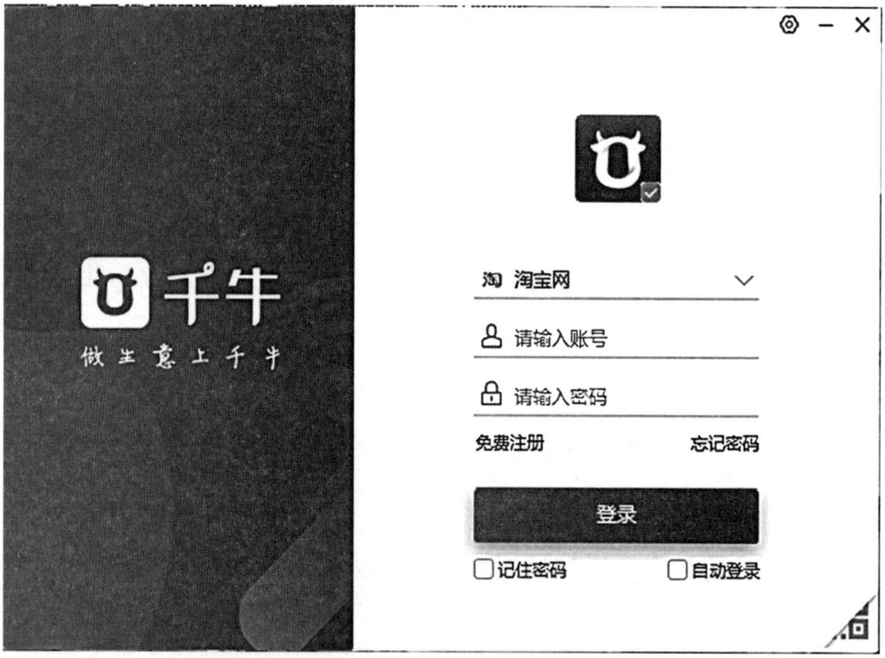

（2）登录账号后，千牛首页会直接显示淘宝店铺后台操作平台。同时，内嵌的“生意参谋”模块会显示“实时监测”和“经营分析”两项数据内容，“实时监测”是当前当日店铺的即时数据内容，“经营分析”中显示昨天或者今天的各项指标数据。

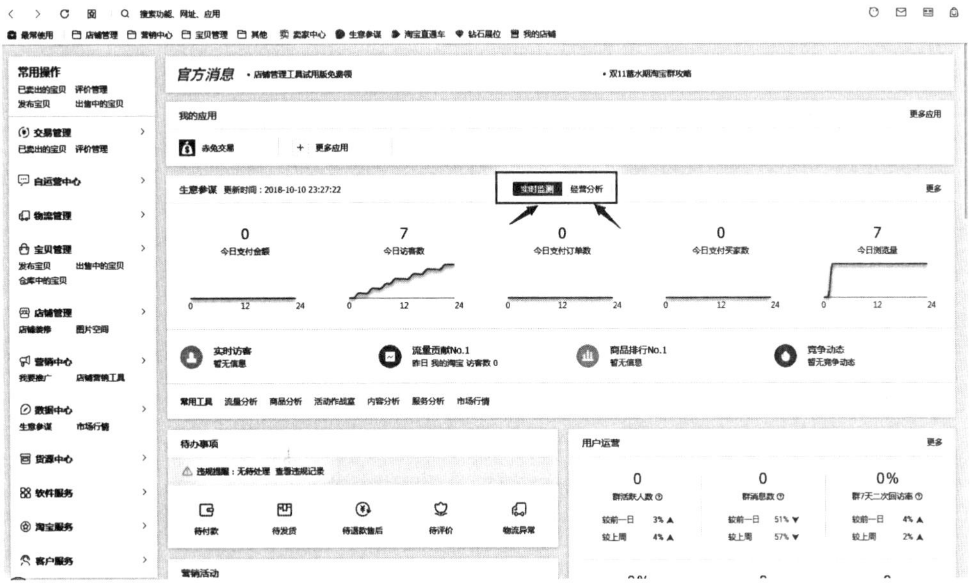

（3）在“经营分析”数据模块中，点击数据显示区域右下角的“＋”号，弹出“数字设置”对话框，对相关数据项内容进行筛选，筛选出自己想要查看的指标数据。

(4) 千牛页面上侧的图标显示淘宝管理平台的快捷按钮，点击“客户运营”，下拉列表第二个是“客户运营平台”，也叫聚星台。客户运营平台可以分人群进行定向运营，也有粉丝的基本数据，根据不同的人群，设置不一样的首页，可以更精准地运营，提升店铺的转化率。

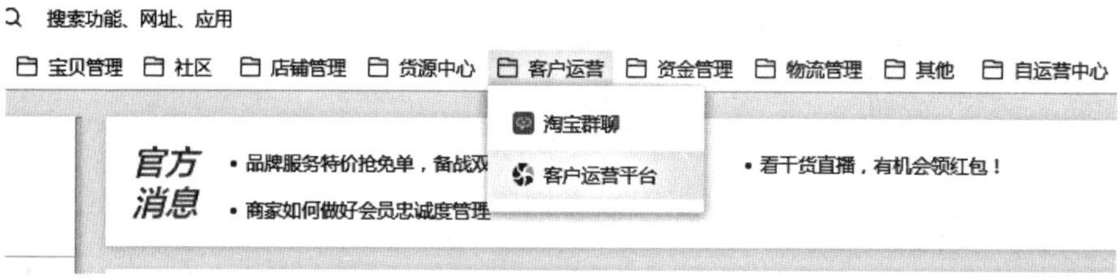

（5）千牛页面右上角是旺旺接待中心、消息中心、千牛头条、服务市场等辅助快捷功能。

二、高效提高工作效率的方法

很多买家会找客服人员聊天，了解商品细节、快递运输等问题。卖家常用的聊天工具是千牛工作台。

1. 自动回复的优势

合理地运用自动回复功能可以提高客户服务效率，减少客户等待时间，同时可以减少客服人员工作量，降低工作强度。

千牛的自动回复是根据设置的关键词做出统一的回答。

比如，买家问“亲，这双鞋包邮吗?”“店铺需要满多少钱包邮呀?”“某款产品包不包邮”等问题，这些问题的核心词都是“包邮”。机器人通过“包邮”这个核心关键词给买家设置回复，比如：“亲，因为今天是咱们店铺的‘双十一’活动大促，所以全店商品是满 99 元包邮的哦。”这是千牛机器人帮商家回复询单的一个功能。

2. 设置千牛自动回复方法

（1）打开千牛页面的聊天窗口，在右上方找到“机器人”按钮。

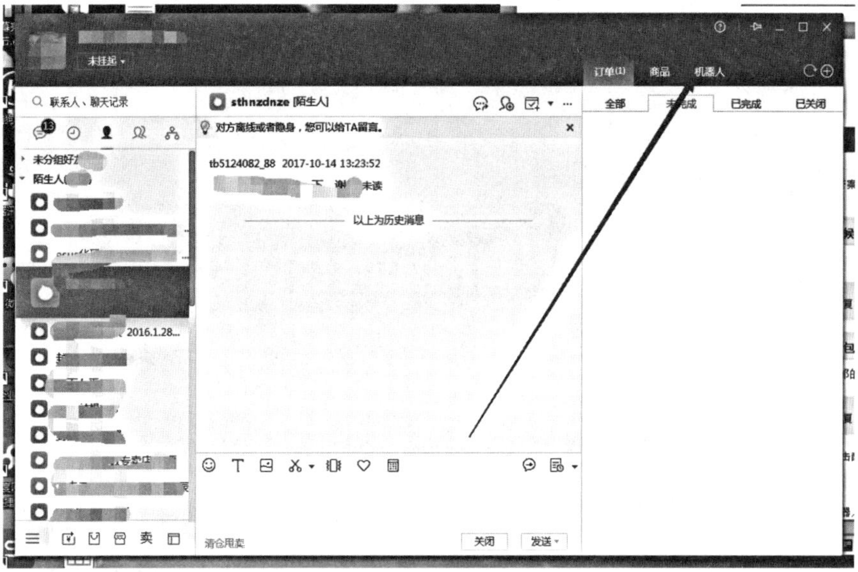

（2）打开“机器人”后，进入“店小蜜”功能模块，可以设置常用问题。

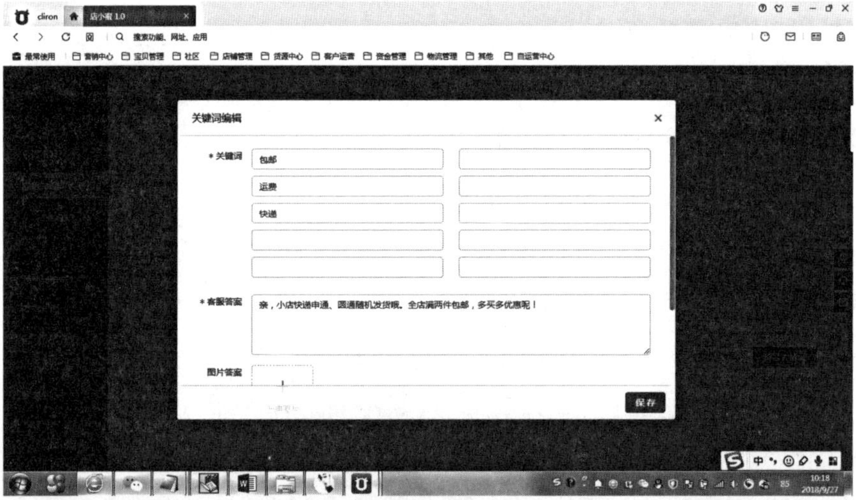

（3）千牛的旺旺消息左侧有一系列的分组，非常方便快捷，可以找到最近联系人和群组聊天。

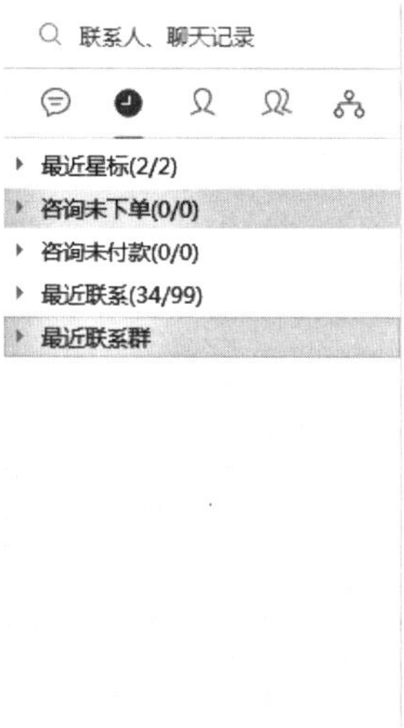

（4）编辑常见的自动回复。

① 接待开场白。

亲，您好，非常高兴为您服务，有没有什么可以为您效劳的呢？

② 是否有货？

亲，您看中的这一款宝贝是有现货的哦，您可以放心地拍哦。

亲，非常抱歉这款宝贝已经没有现货了哦，您可以看一下这一款哦（宝贝地址），这两款宝贝的质量和销量都是非常不错的哦，款式和价格也差不多哦。

③ 什么时候发货？

亲，您拍下的货 24 小时之内就可以帮您安排发货的哦。

④ 发什么快递？

亲，默认的是发××快递哦，亲那边可以收到××快递吗？××不到的地方我们可以安排发××快递，××快递。但是××快递是不包邮的哦，需要您补邮费××元。

⑤ 什么时候到货?

亲，一般快递发货以后 3 天是可以到货的哦，您收到货以后可以仔细检查一下，如果有任何质量问题，7 天之内都是可以无理由退换货的。

⑥ 可以便宜一点吗?

亲，非常抱歉，我们的定价已经是最低销售价了哦，没有办法再优惠啦。

⑦ 质量问题。

亲，我们是商城正品，质量都是有保证的，您这边可以完全放心拍下哦。

⑧ 结束语。

亲，非常感谢您的惠顾，我们这边会在第一时间帮您安排发货哦，请您耐心等待，如果收货后有遇到任何问题请您及时联系我们客服为您处理哦，祝您购物愉快。

⑨ 退换货问题。

亲，7 天之内可以无条件退款的，质量问题您的退换货邮费都由我们为您承担；如果是非质量问题，退换货的邮费是由您自己承担的哦。

⑩ 实物和图片有差异。

亲，我们的店铺图片都是实物拍摄的哦，没有经过特别的 PS 处理，但是图片拍摄过程中由于光照原因的影响可能会造成实物和图片有一点差异，但是请您放心，差异肯定是非常小的呢，基本都是一样的哦。

第 6 讲　淘宝助理：智能发布宝贝信息

一、淘宝助理发布宝贝

在开网店过程中，商家需要使用到各种工具。“淘宝助理”是中小卖家常用的免费工具之一，使用“淘宝助理”可以批量上传宝贝。

（1）商家进入网站 http：//zhuli. taobao. com/，下载并安装淘宝助手到自己的电脑。

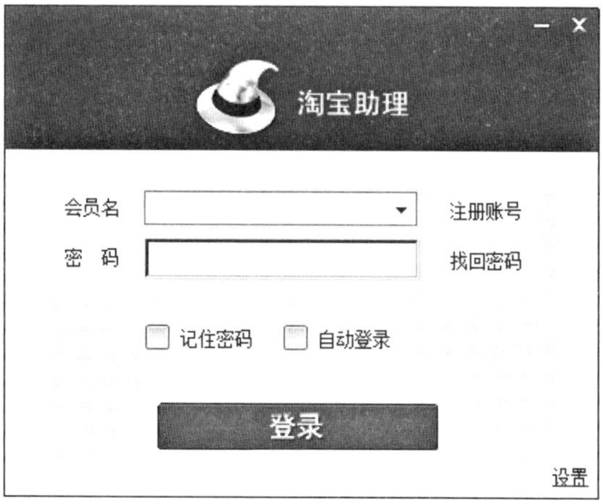

（2）登录自己的淘宝账号。登录后，点击宝贝管理，创建宝贝。

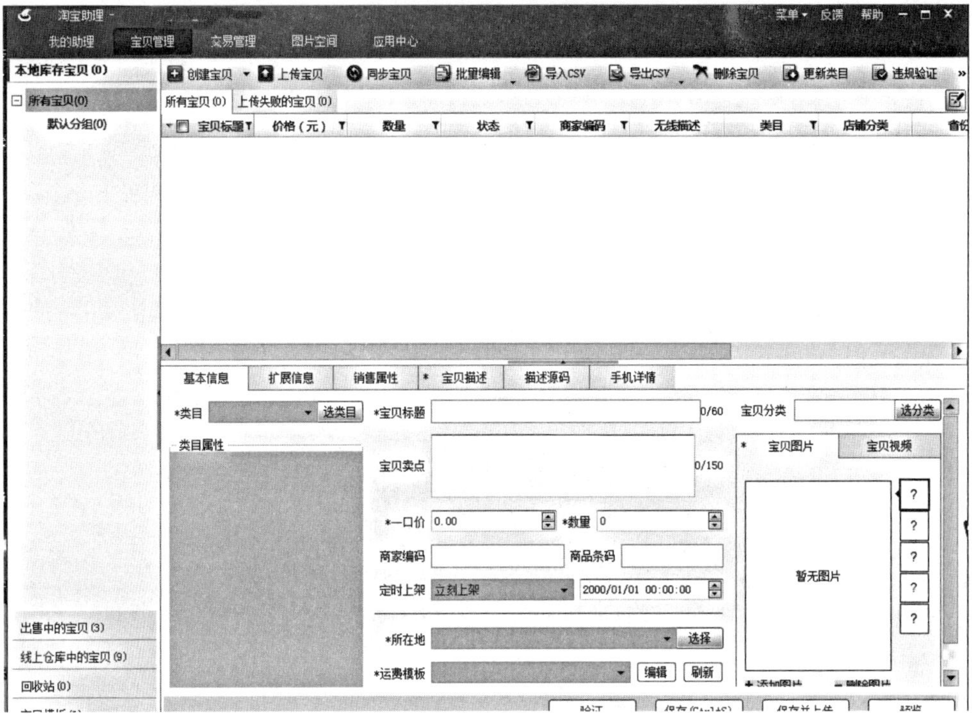

（3）点击基本信息，这里需要填写宝贝类目、宝贝标题、宝贝卖点、一口价、宝贝数量、所在地、运费模板、宝贝图片（即宝贝主图）等内容，选填项有商品编码和商品条码。宝贝分类是店铺装修时把店铺产品分成的几个小分类，方便买家寻找。如果已经分类，可在宝贝分类项目中选择分类并填入。然后点击宝贝描述，上传宝贝详情页和手机详情页，点击保存，上传宝贝。

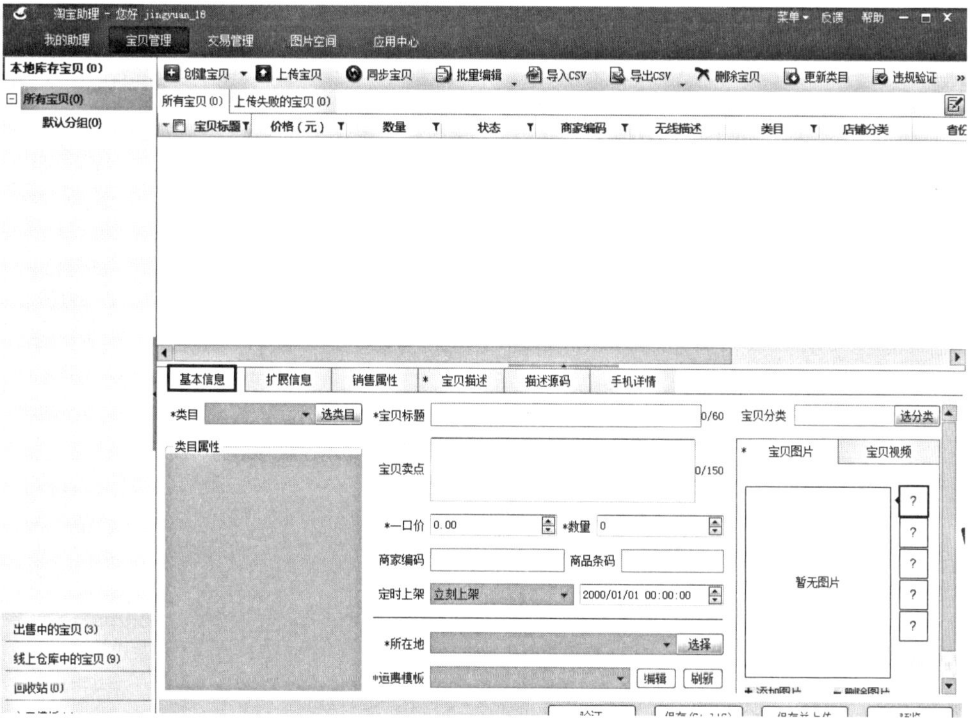

（4）宝贝类目是指所卖产品的所属类目。比如游戏手柄，选类目时，点击“选类目”，然后选“电玩/配件/游戏/攻略—游戏手柄”，选好后点确认，填好类目属性，包括品牌及其他的相关属性，游戏手柄有无线，使用对象、手柄特性、接口类型等属性都填好。卖的产品不同，属性则不同，要根据自己产品的属性填入。填好类目后，再填其他选项。

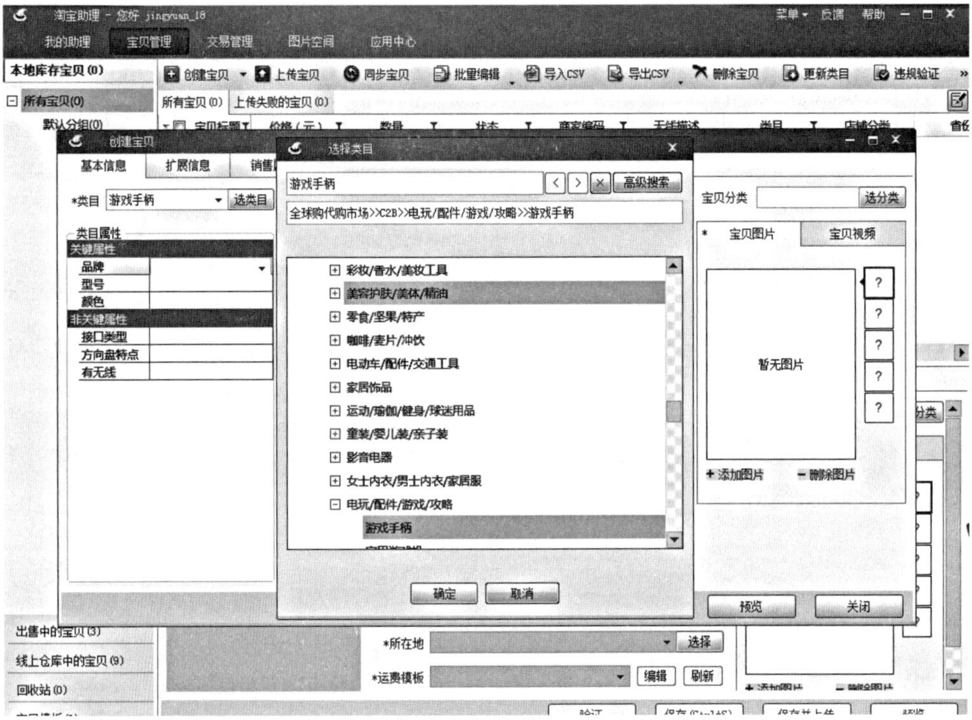

（5）宝贝标题要求 60 个字符以内。一个数字、一个英文字母、一个空格或者斜杠相当于一个字符，一个汉字占两个字符，所以标题最多可以填入 30 个汉字。

填好标题后，依次填写一口价、数量、邮费模板、发货地址等。然后上传 5 张宝贝主图，做宝贝描述等相关信息。关于主图的制作思路、主图的布局，以及标题的拟定方法，将在后文述及。（图中填入的相关数据都是以具体商品为例，请注意区别。）

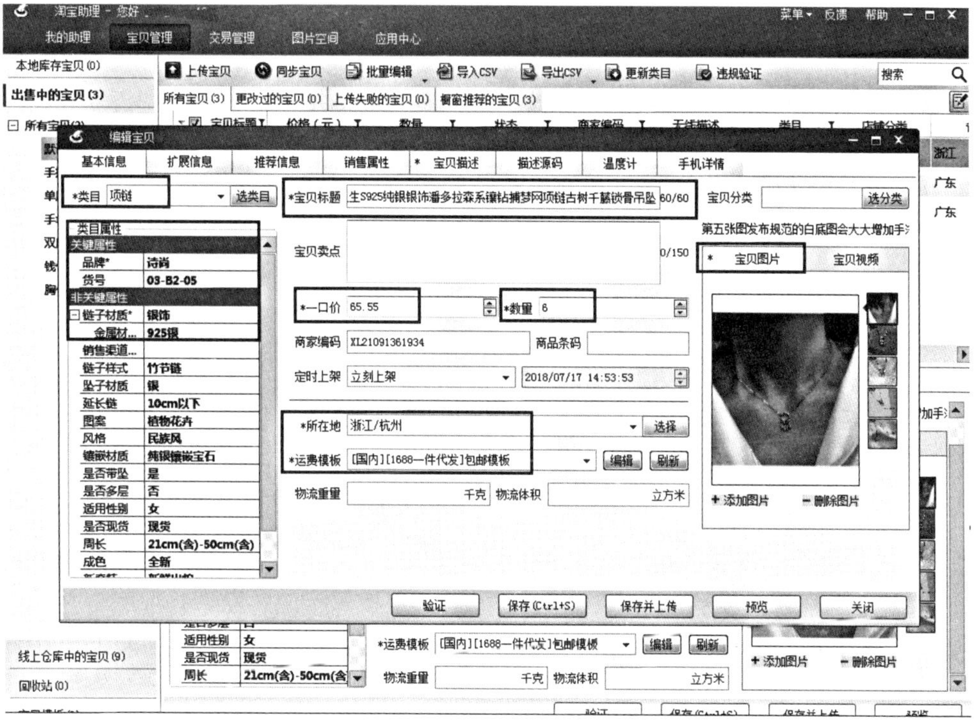

（6）接着，设置宝贝描述，添加详情页。点击“打开”按钮，导入宝贝详情页图片内容，或者点击“插入图片—空间图片”，使用已经上传到图片空间的图片，然后保存，等待上传。最后，点击一键适配手机端详情。

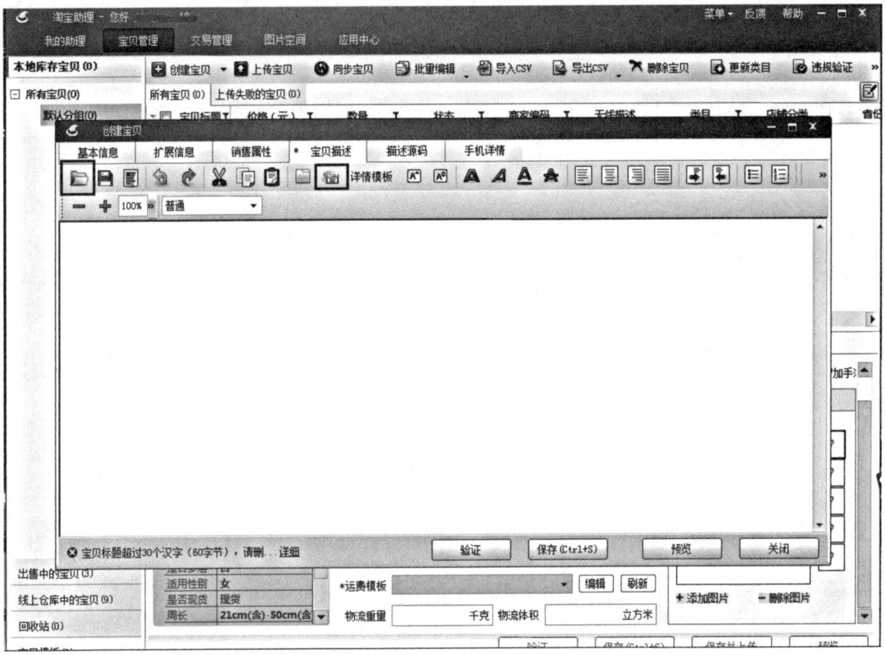

二、免费打印快递单

商家常用淘宝助理打印快递单或打印电子快递单（电子快递单需要专门的打印机）。在页面中选择“交易管理”，点击“下载订单”。出现订单后，勾选订单前面的选择框，打印快递单，然后点击发货。

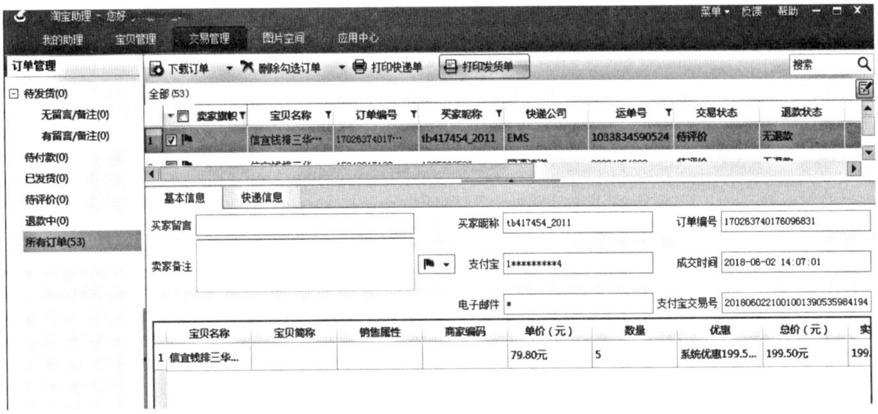

下图是用淘宝助理打印传统快递单的设置界面。首先，设置好打印机，界面打星符的条框都是必填项，比如，发件人、选择模板、物流公司、发货网点、发货地等。选择不同的快递公司，需要设置不同的模板。

第 7 讲　代理与代销：教你空手套白狼

一、代理商的定义

代理商又称商务代理，是在某行业管理范围内接受他人委托，为他人促成或缔结交易的一般代理人。代理商（Agent）是代企业打理生意，是厂家给予商家佣金额度的一种经营行为。所代理货物的所有权属于厂家，而不是商家，因为商家不是售卖自己的产品，而是代企业转手卖出去。所以，代理商一般是指赚取企业代理佣金的商业单位。

1. 代理商的用途

（1）代理商职责主要是为他人促成交易和缔结交易。

（2）代理商必须固定地从事受他人委托的活动。

（3）代理商是独立的商事经营者。

（4）代理对象不必是商人，也可不以营利为目的。

2. 代理商的特点

（1）代理商不一定是独立机构。

（2）代理商不拥有商品的所有权（代理制造商的产品/服务）。

（3）代理商可以赚取佣金（提成）。

（4）代理商的经营活动受供货商指导和限制。

（5）供货商权力较大。

一般来说，从制造商到零售终端的渠道途径分以下几种：

- 制造商→经销商→消费者
- 制造商→总代理→经销商→消费者
- 制造商→总代理→一级代理→经销商→消费者
- 制造商→总代理→一级代理→二级代理→…→经销商→分经销商→消费者

二、代理商种类

代理商分为总代理、区域与分品牌代理。总代理一般自己建立省级分公司等。

总代理又称全权代理，是在市场上作为全权代表被代理人的代理商。这种代理商有权处理日常业务或专业活动中随时发生的事务，也有权以委托人的名义从事一般性活动。

独家代理是一种狭义代理人概念，指通过协议规定代理人在特定地区、特定时期内享有代理销售某种商品的专营权。其业务限于商业活动，具有垄断性。

一般代理商指在同一地区、同一时期内，委托人可以选定一家或几家代理商作为一般代理人，根据销售业绩支付规定的佣金和补偿费用。

单一商号代理商指仅为一个单一的企业主从事代理活动的代理商，其经营效益首先取决于企业主提供的业务情况，对企业主有很大的依赖性。

区域代理商指在一定区域或一定的消费集团内从事的代理活动。

三、授权

授权的做法是由委托人与代理人签订代理协议，授权代理人在一定范围内代表他向第三者进行商品买卖或处理有关事务（如签订合同及其他与交易有关的事务等）。代理人在委托人授权范围内发生的行为所产生的权利和义务，直接对委托人发生效力，即代理人是在授权范围内以委托人的名义行事。代理双方属于一种委托和被委托的代销关系，而不是买卖关系。代理商在代理业务中，只是代表委托人招揽客户、招揽订单、签订合同、处理委托人的货物、收受货款等并从中赚取佣金，代理商不必动用自有资金购买商品，不负盈亏。代理双方通过签订代理协议建立起代理关系后，代理商有积极推销商品的义务，并享有收取佣金的权利，同时代理协议一般规定有非竞争条款，即在协议有效期内，代理人不能购买、提供与委托人的商品相互竞争的商品或为其做广告；代理人也无权代理协议地区内的其他相互竞争的公司。

四、关系

代理制和经销制也能互相渗透，各类销售渠道的主要区别在于代理商或经销商层级的增多。厂商对于代理商和经销商的管理主要侧重于对价格和货源的管理，对于人员培训及广告等还会提供一些支持。对于代理商和经销商而言，其利润则主要来自销售利润、返利、安装和维修服务等。

五、代销

代销的全称是网店代销，又名网店代理。网店代销基本上分虚拟物品代销和实物代销两种。代销是指某些提供网上批发服务的网站或者能提供批发货源的销售商与想做网店代销的人达成协议，为其提供商品图片等数据，而不是实物，并以代销价格提供给网店代销人销售。一般来说，网店代销人将批发网站所提供的商品图片等放在自己的网店中，销售出商品后再通知批发网站为其代发货。销售商品只从批发网站发出，并送到网店代销人的买家处，网店代销人在该过程中看不见所售商品。网店代销的售后服务也由批发网站提供。

1. 代销的利弊

网店代销可以免费为网店提供货源，方便了想开店但没有资金的初级卖家，这是它的最大好处，但越来越多的代销网站只注重销量，不注重管理渠道，容易造成各个代销客户之间的恶意竞争，影响正规卖家的利润，同时容易对产品品牌造成不利影响。在代销的基础上，国内已经有一些网站开始发展分销渠道。分销作为销售渠道的重要一环，有别于代销，它对整个销售渠道及过程进行严格控制和管理。

2. 代销人

代销人是指为与其达成协议的批发网站实行终端销售的有网店代销资格的人。

3. 代销的主要特点

（1）不承担进货风险，零成本，零库存。网店代销人不用囤货，所售商品属于批发网站。

（2）看不见实物，一般只有图片等资料供代销者放在自己的网店中展示。

（3）网店代销销售出商品后，联系批发网站，由批发网站代其发货。

（4）一般在批发网站进货，必须达到一定数量才可以享受批发价，而网店代销单件就是批发价。

（5）单笔交易支付，货到付款。一般情况下，网店代销不用提前付款给批发网站，而是销售出商品后，通知批发网站发货，使用支付宝等方式交易付款。

4. 流程

（1）与批发网店签定代销协议。

（2）批发网站提供商品数据库。

（3）网店代销下载数据库并上传到网店上架销售。

（4）网店代销销售出商品并通知批发网站发货。

（5）网店代销使用支付宝等担保交易付款给批发网站。

（6）网店代销的买家收到货确认支付。

（7）网店代销确认支付给批发网站。

（8）交易完成。

六、利润分析

1. 网店代销营利方式

网店代销的营利方式主要是获得价格差。批发网站提供给网店代销的商品价格一般和批发价差不多，而网店代销出售的价格在此基础上再做提升，这中间的价格差就是网店代销的盈利。

2. 做网店代销的利润

网店代销分兼职和全职，兼职代销的形式比较多见。根据兼职网店代销经营的情况，好的一个月可以赚几千元，差的可能只有几百元，由于竞争的加剧，实际上很多代销是沉淀在底层，不知道一个网店如何运营，基本不赚钱。

七、供货方

1. 不要盲目发展代销

发展代销前，需要审核对方的资质，判断是否符合相关规定的要求。

（1）审核代销者的等级，看看是几心几钻。

（2）审核代销者的形象。

（3）了解代销者的销售管理能力。

（4）了解想代销者的品质。

2. 确立规范的代理运作体系

一个正式的代理制度，不仅能减少供货商的工作量，而且可以降低纠纷率，从而彰显合作诚意。

3. 要规范市场价格

代销商大量涌入后，如果不规范价格，势必导致原有的价格体系变得混乱。因为代销者没有风险，而且可能很多时候为了赚取信用，就以低价出售，这样的话就会使品牌贬值，不利于品牌的健康发展。

八、作为主方

1. 善于学习，多动脑筋，刻苦宣传

没有风险就没有压力，当然就缺少进步的动力。做代销如果想要做大的话，就需要自己有很强的忧患意识，要善于给自己施加压力，经常到论坛学习别人的经验，从而与供货商共同进步。

2. 坚持不懈，不气不馁

开店初期适当地挑选对比代销商，代理商与供货商站在同一个阵地，积极地做好宣传和销售工作。

3. 独立思考，不过分依赖

有些卖家是新手，开网店经验不足，一遇到问题就会咨询供货方。供货方的工作很多，没有过多时间和精力来解答。虽然开网店的程序很复杂，但新手卖家可以到论坛学习。遇到问题，到论坛搜索相关关键字，寻找以前的好帖子，自行解决。

4. 深度了解代理的产品

对代理的产品要有较深的了解，对产品了如指掌，才可以在为顾客介绍的时候娓娓道来，如数家珍。

九、新手卖家，接受代销时的注意点

1. 找对供货商

新手卖家要找一个有实力的、货源充足的、发展潜力大的供货商，因为产品和服务直接影响着代理商的销售与信用度，对后期发展至关重要。

2. 了解供货商的规模

新手卖家要摸清供货商的规模，比如注册资金、品牌打造、宣传网站等，这些方面的内容比较全则代表着供货商实力较强。

3. 访问供货商网站

访问供货商的网站，了解详细情况，增加自己对该供货商的了解。

4. 观摩供货商的图片

仔细观察供货商提供的照片，判断是否专业，是否规范。

5. 根据供货商的要求给产品定价

了解清楚商家的代销价格，与产品图片一一对应，尽量避免出现顾客询问时报错价的情况。给产品标价要严格按照供货商的建议零售价，不能因为急于卖出而随意定价，做没有利润的交易。因为自家的标价比市场价低很多，顾客会对产品是否为正版产生怀疑，这样导致的结果就是：一没有利润，二没有销量，三会形成竞争威胁。

十、其他

作为一个网店代销商，还应该掌握以下相关知识点：

1. 背景

(1) 消费者。

(2) 消费者消费动机。

(3) 消费者评价商家服务的指标。

(4) 促销采用在线客服的服务方式。

2. 流程

(1) 服务对象的选择。

(2) 联系方式的选择。

(3) 在线服务目的。

(4) 在线服务内容。

十一、代销商申请

(1) 在“卖家中心”选择“货源中心—分销管理”。

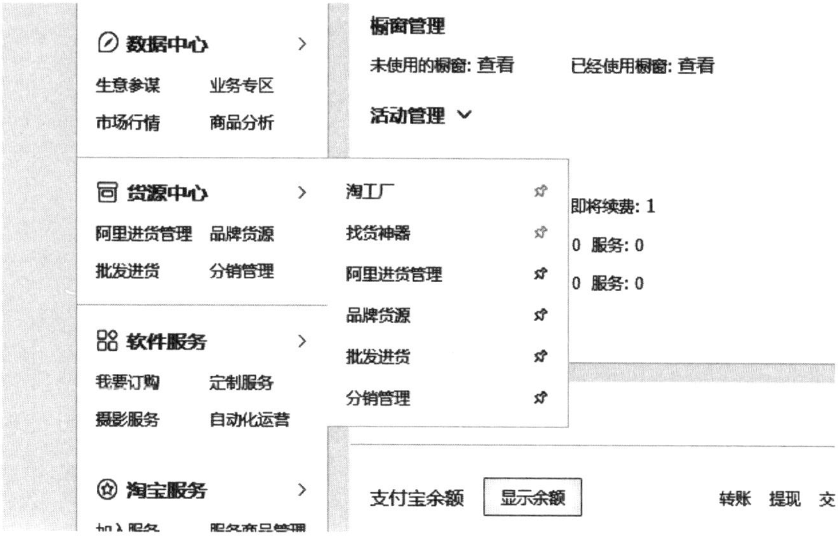

(2) 进入“天猫供销平台”，单击“现在就去寻找资源”，在弹出的页面中寻找合适的供货商，并建立代销关系，即可成为代销商。

第 8 讲　手机店铺：打理好了有钱赚

一、手机无线端淘宝现状

手机淘宝是传统 PC 端淘宝在手机端的延续，实现类似微信那样的基于人际关系的消费体系，实现更广阔的边际效应。

一些类目的商家，比如母婴类，在手机端的流量已经占到总流量的 9 成左右，并且这个趋势还在扩大。手机淘宝目前已经成为阿里生态构建中最重要的平台，手机端的成交量不再是和 PC 端分庭抗礼的规模，而是处于绝对领先的地位。手机淘宝面向移动消费市场，具有 PC 端无可比拟的特征，阿里巴巴集团也投入了巨大的资源。

1. 手机端的优势

目前，手机端普遍客单价要低于 PC 端，大部分使用手机端的是年轻人。一般越贵的产品，用户越谨慎，做决定的时间会越长。手机端用户的时间琐碎，所以冲动型消费居多。

2. 淘抢购等特价活动

目前，淘宝手机端千万级别流量的活动“淘抢购”成长非常快，淘宝在大力扶持这个平台。“淘抢购”一天有 12 场，一款商品售卖 24 小时，大部分的销售将在很短时间内完成。这完全抓住了无线端用户一天内会多次打开的特性。

除此之外，手机淘宝中的“聚划算”“天天特价”“有好货”“爱逛街”“清仓”等活动也都成长迅速，越来越契合手机用户在“逛”中冲动消费的特点。

3. 千人千面

现在手机淘宝在搜索方面加入了“千人千面”这一功能，这对标准品类目的产品是一个很大冲击，个性化的产品越来越突出。当买家搜索、打开了某件商品详情页后，在之后的一段时间内，买家都会在手机淘宝中看到类似的商品。手机淘宝会通过记录分析买家的行为习惯，推送类似的内容。精准营销越来越准确，效率越来越高。

4. 生活圈

未来手机淘宝不一定等于购物，它还承载着生活消费入口的功能，并且提供跟用户地理位置相关的服务。用户可以在手机淘宝里实现各种消费支付、优惠券获取。未来手机淘宝上还将有“生活圈”概念的功能。

5. 虚拟穿戴

移动互联网手机新技术的应用也将会体现在手机淘宝中。比如对摄像头、语音识别、蓝牙等方面的技术研究。未来手机淘宝将会根据虚拟穿戴技术的成果推出 360 度商品展示和 3D 虚拟试衣功能。买家只要全景式地围绕产品拍一组照片上传到手机淘宝的云端，经过算法分析，就能够形成商品的三维模型数据。

6. 监管机制

中国监管机制越来越成熟，淘宝向特殊行业类目提出更多关于资质的要求，比如食品行业。

7. 未来订单来源

年轻一代的买家越来越多，他们的习惯和偏好与上一代完全不同，这将会影响淘宝的消费趋势。手机淘宝未来的订单来自搜索的会越来越少，而来自推荐、订阅、分享的会越来越多。

（1）订阅

订阅，即由用户自己决定关注的内容。常用的是微淘。用户的订阅内容来自淘宝卖家、淘宝达人、媒体机构，某个专业领域的专业人士等。

（2）推荐、分享

分享是通过其他买家的介绍来进行消费。比如，买家在微博、朋友圈或者其他社交媒体中，看到有人谈论或分享某个产品，便转入淘宝购买。

9. 农村淘宝

农村淘宝，是阿里巴巴集团的战略项目。阿里巴巴与各地政府深度合作，以电子商务平台为基础，通过搭建县村两级服务网络，充分发挥电子商务平台优势，突破物流、信息流的瓶颈，实现“网货下乡”和“农产品进城”的双向流通功能。

农村淘宝于2017年6月1日正式升级。升级后的农村淘宝和手机淘宝合二为一，手机淘宝针对农村市场增设“家乡版”。

10. 资源拓展

买家的第一需求就是商家的新商品，低端、低质量的产品将会被逐渐淘汰掉。很多国内线下品牌将会进入淘宝、天猫，海外品牌、海外商品也会越来越多地加入中国的网购市场。

基于移动消费人群的快速增长，淘宝在手机端先后推出了各种无线开放计划。比如，为了给手机端店铺提供更多互动游戏应用和无线装修模板，淘宝公开招募了大量优质的服务商和设计师，手机淘宝的专属工具和服务更多也更方便了。同时，手机淘宝现在通过“微淘”和“淘宝直播”等多种方式在不断推动卖家和买家之间的互动。

在跨入移动互联网时代后，手机淘宝作为阿里巴巴最重要的移动端入口，已经成为世界上较大的移动电商 APP 之一。手机淘宝前进的脚步不会停歇，还会不断发展、完善和进化，交易量占比会越来越高。

二、手机淘宝未来发展

淘宝未来的三大方向：社区化、内容化和本地生活化。2016 年 3 月 29 日，阿里巴巴集团 CEO 张勇表示："今天淘宝已经是一个无线化的淘宝，淘宝的无线化已经完成，消费者也已经完全迁移到无线上。"淘宝团队和手机淘宝团队的合并，标志着淘宝无线化转型已经完成。

无线时代，搜索仍然非常重要，而分类导航的变化，带来新的可能性，例如推荐。数据证明，移动时代访问频次高，用户停留时间比 PC 时代长一倍，只要有好的内容，消费者就会停留。推荐将是移动购物的重要导购方式。

1. 网红经济

网红经济只是淘宝庞大"内容生产者养成计划"中的一部分。淘宝将充分提供大数据个性化、粉丝工具、视频、社区等工具，"搭台"让卖家"唱戏"。淘宝正在聚集一大批内容生产者，从一个万能商品市场走向超级消费者媒体，吸引更多用户，创造更多商业机会。

包括短视频在内的多媒体展现方式将在整个淘宝上得到充分且广泛的应用，商家需要在内容上多做文章，多做创意，这将会为商家带来更大的运营机会。

2. 淘宝社区与阿里生态

淘宝从商品市场逐步发展为消费者社区，淘宝平台推动并形成了一个个围绕时尚潮流、数码玩家、电竞世界、二次元、体育迷、军事迷等各种主题的年轻人小社区。

淘宝充分利用优酷、微博、阿里妈妈、阿里影业等阿里生态圈的内容平台，紧密打造从内容生产到内容传播、内容消费的生态体系，让商家从运营流量转变为运营内容，通过对人的关注、对内容的兴趣，获得顾客、建立口碑，最后形成牢固的会员关系。

3. 赋能商家

过去十几年的 PC 端时代，淘宝围绕整个淘宝平台的开放体系、生态体系包括赋能商家工具做了很多工作，未来在移动时代，这一战略方向不会改变，而且会大大加强。

4. 生意参谋

生意参谋集数据作战室、市场行情、装修分析、来源分析、竞争情报等数据产品于一体，是商家统一数据产品平台，也是大数据时代下赋能商家的重要平台。

生意参谋致力于解决数据难懂的难题，正逐步变成商家掌握数据的平台。通过生意参谋，商家可以全面计算店铺数据，增值创新。

5. 淘宝贷款

淘宝贷款是继余额宝后的又一个突破，无须繁杂的申请手续，无须高额的利息即可获得资金支持。淘宝贷款主要分为淘宝信用贷款、天猫信用贷款、聚划算贷款、淘宝订单贷款、天猫订单贷款等。淘宝贷款只有淘宝大卖家能够申请，一般的中小卖家可以申请淘宝信用贷款或淘宝订单贷款。

6. 阿里学院

阿里学院是电子商务教育服务机构，专门提供外贸培训、网络营销培训等。

阿里学院是一个开放的教育学习平台，聚集了老师、个人学员、企业学员等人群，通过平台来学习、互动、交流，形成了一个全新的知识交易市场。

7. 商品管理

商品管理是指商家从顾客的需求入手，对商品、定价、活动、库存等指标进行计划、分析，向客户提供服务，同时达到盈利目的的手段。

8. 订单管理

订单取决于需求，订单管理就是处理订单。

通过以上的战略布局、工具提供、政策扶持、技术支持等方法和手段，手机淘宝的未来发展道路清晰而广阔，具备无限的想象空间。

三、如何装修具有特色的手机店铺

在手机淘宝成交已成为主流的时代，在手机淘宝上购物的顾客已经占绝大多数，作为淘宝卖家，必须特别重视手机淘宝店铺首页的装修。

淘宝已多次升级更新装修页面，加入了大量的全新模块，原有模块已做了很大的升级，与旧版装修已完全不同。

本节针对淘宝官方基础版来自定义装修讲解，重点讲述模块的基本模式。因为智能模式除部分试用模块外，其他是需要购买淘宝的智能旺铺才能使用的，故不做重点介绍。

（1）登陆淘宝并进入“卖家中心”，在“店铺管理”模块内点击“手机淘宝店铺”，在右侧版面内再点击“立即装修”。

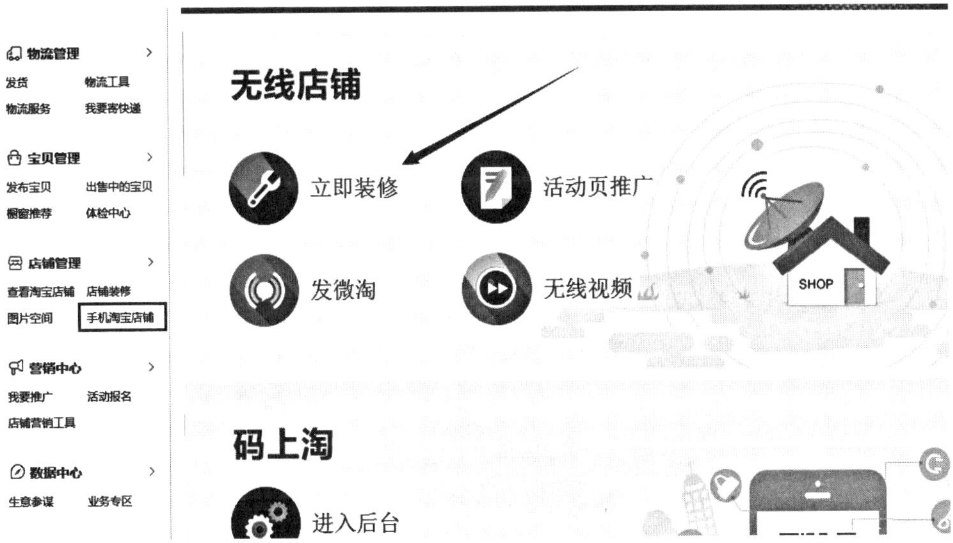

（2）在“无线运营商中心”点击左侧的“店铺装修”，进入“店铺首页”，开始装修手机店铺首页。

（3）首选装修“店招”，点击店招区，在右边编辑，如图所示。完成后，再点进其他模块进行装修。

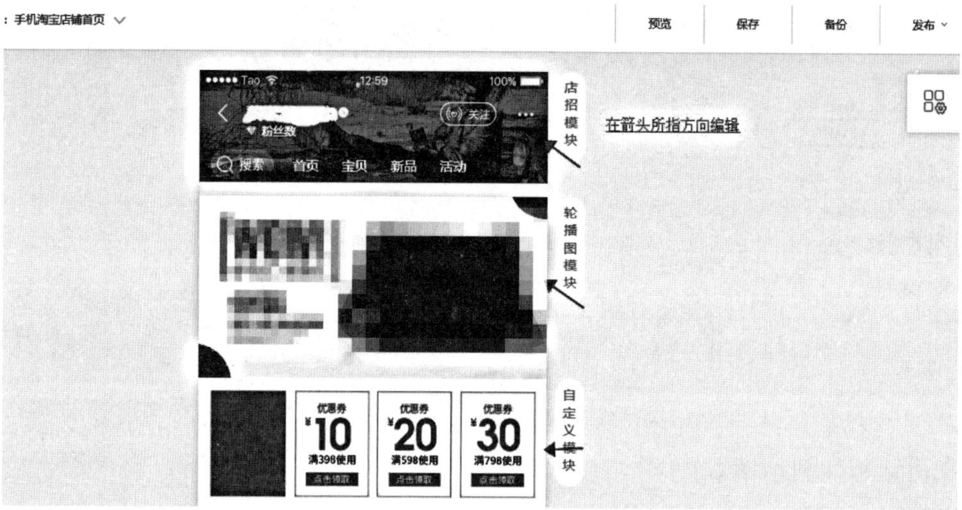

（4）宝贝显示，所选模块只要加入首页内，即可自动显示宝贝。

（5）智能单列宝贝：智能模式要购买旺铺才能使用，具有一定的全自动识别功能，能针对不同顾客进行展示。

基本模式要手动设置宝贝（一个模块最多可以选择 6 个宝贝）、模块标题。智能单列宝贝以单列方式显示，每行只显示 1 个宝贝，具有宝贝显示面大、突出等优点。

（6）智能双列：与智能单列宝贝模块一样，不同的是，每列每行显示 2 个宝贝。智能模式下，提供了十几套样式，可轻松通过鼠标点击，完成宝贝视觉样式、标题和促销类图标的设计和更改。同时，智能双列宝贝模块自带“千人千面”功能，不同用户进店在该模块内看到商品排序会根据用户的喜好各不相同。

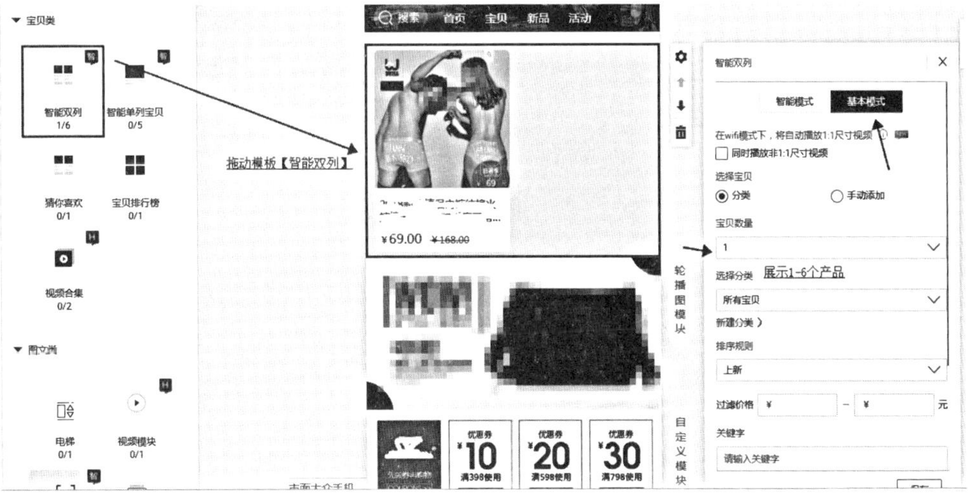

（7）宝贝排行榜：排行榜根据店铺商品的“销量排行”“收藏排行”，每种显示前 3 个宝贝。任何一个榜单不足 3 个宝贝则整个模块将不显示，该模块最多用 1 次。

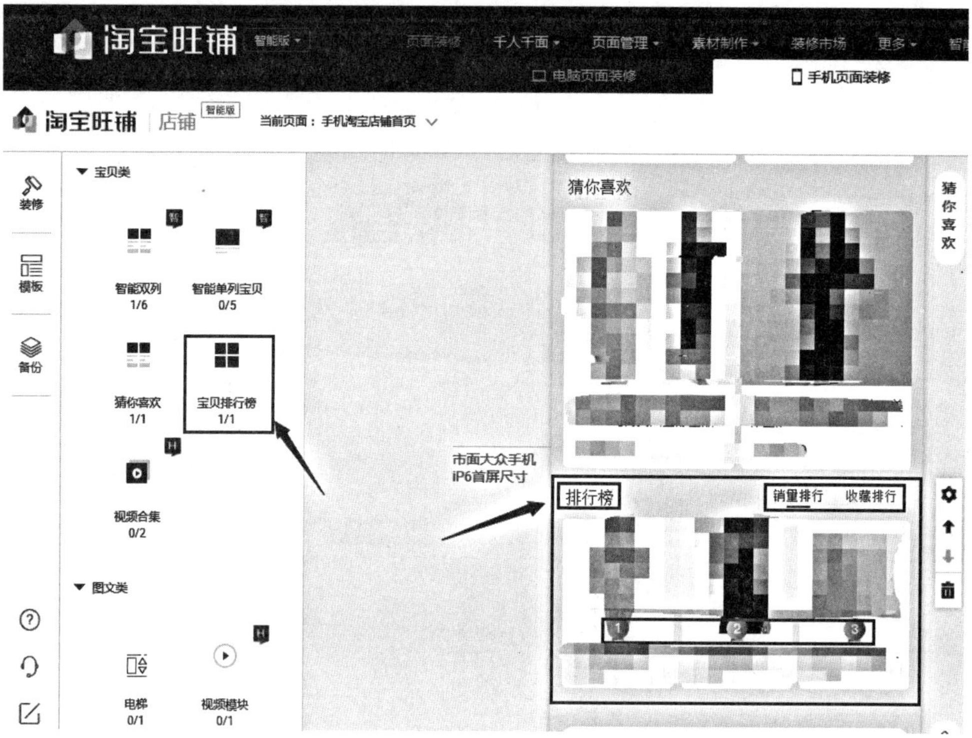

（8）猜你喜欢：通过推荐算法计算出买家感兴趣的商品，不可编辑，每个顾客所看到的宝贝可能不同。

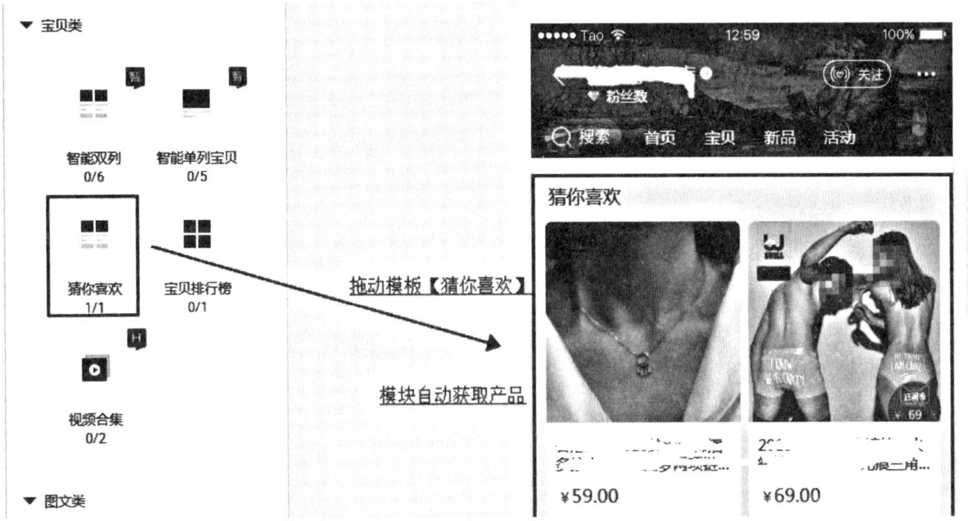

（9）图文类模块：商家自行制作图片，上传可显示。使用率高，效果也非常好。

（10）美颜切图：智能旺铺专用，付费功能。能在一张图片上切出最多 15 个区域，加入热区链接。

（11）动图模块：智能旺铺专用，付费功能。能直接用 gif 动态图方式展示，也可直接加入多张图后，自动生成 gif 图。

选择宽度 640 像素，高度小于 1500 像素的动图。为保证显示效果建议不要将两个以上的动图放在同一个区域。

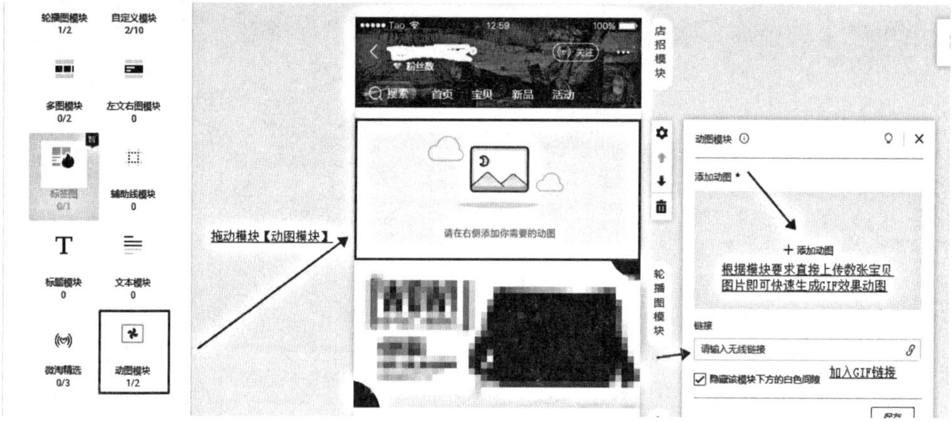

（12）定向模块：智能旺铺专用，付费功能。配合定向海报使用，只要创建好定向海报，即可在此显示。

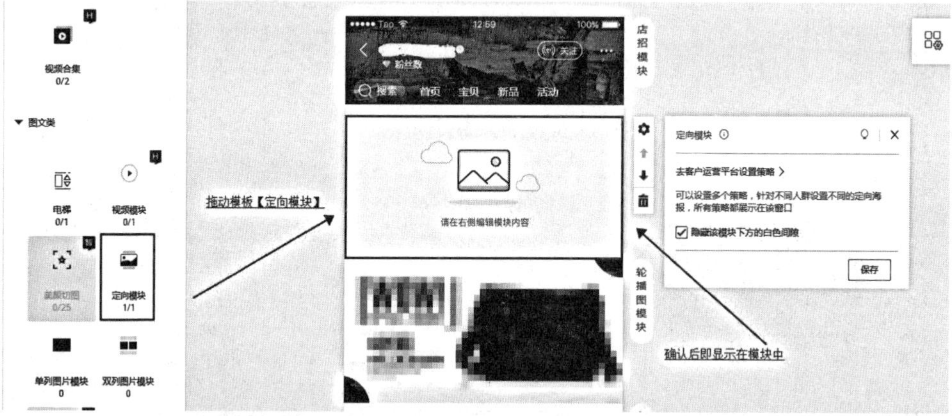

创建定向海报要到客户运营中心处理。

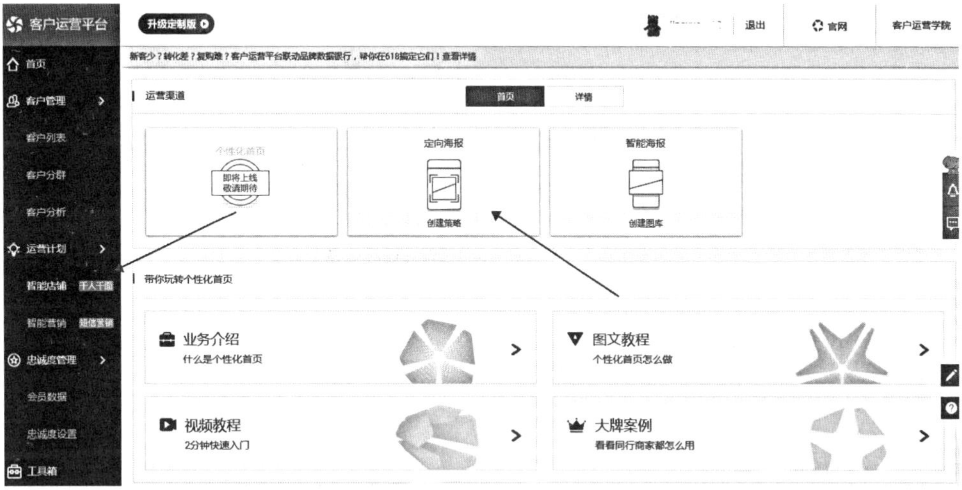

（13）视频模块：可以对 120 秒以内的视频进行播放，尺寸比例 16∶9，目前只支持淘宝视频。支持商品小卡、优惠券、红包等在视频上展现，视频最小尺寸为 640 像素×360 像素。

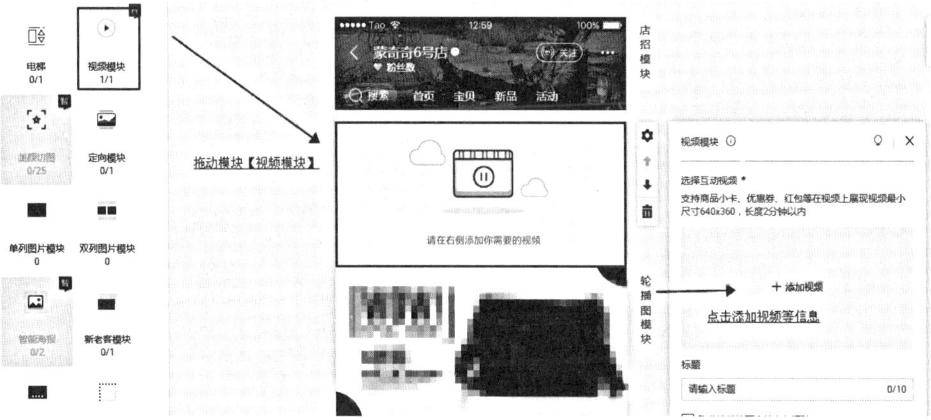

（14）标题模块：制作一个能更容易引起消费者关注的标题，能增加模块的点击量。

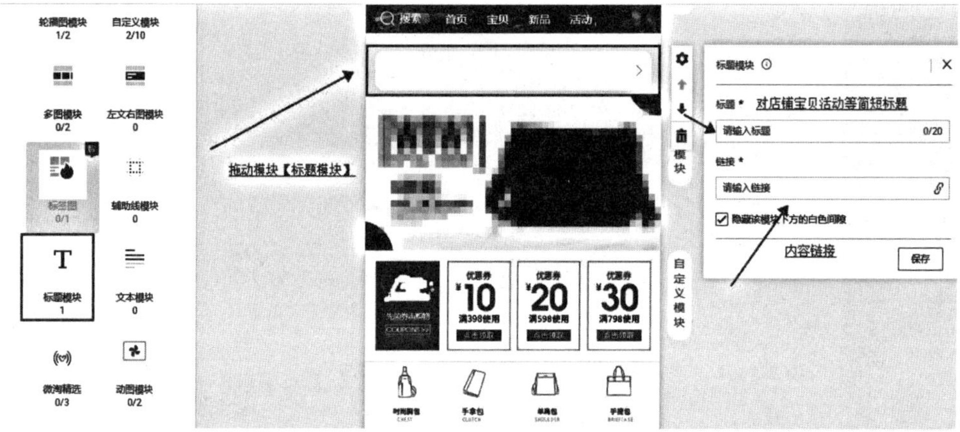

（15）文本模块：可以写有趣的文字内容，能够增加店铺的特色气质，也可以写关于店铺、宝贝、活动的说明和广告词。

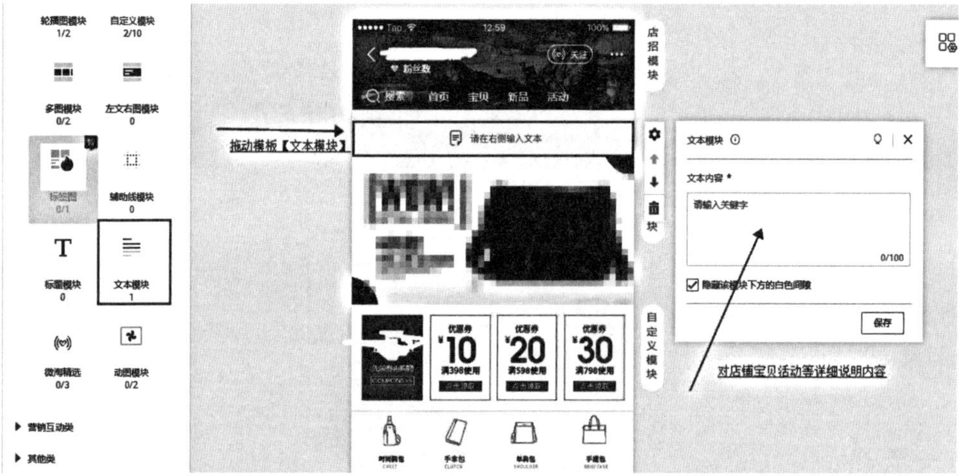

（16）单列图片模块：建议图片尺寸在 608 像素×200 像素到 680 像素×960 像素之间，适用于精美大图展示，图片类型为 jpg、png 等。

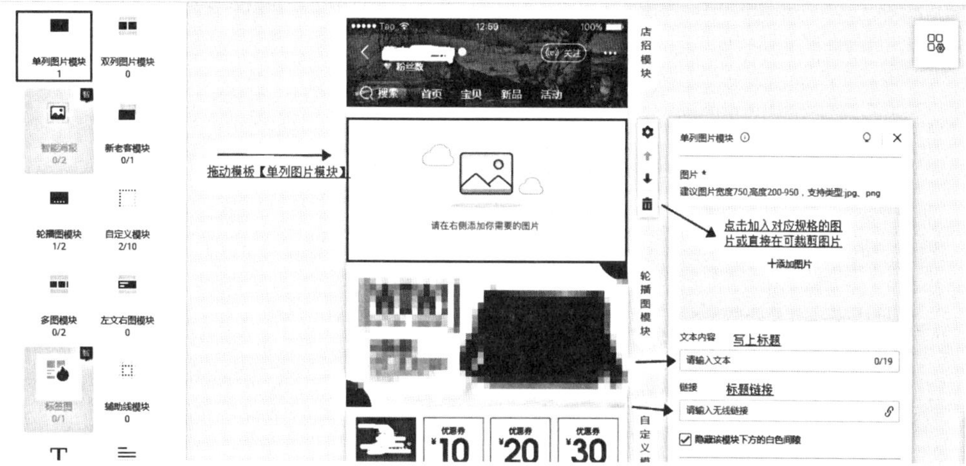

（17）双列图片模块：选择宽度为 296 像素，高度为 160 像素的图片，类型有 jpg、png 等，可以同时展示 2 个宝贝图片。

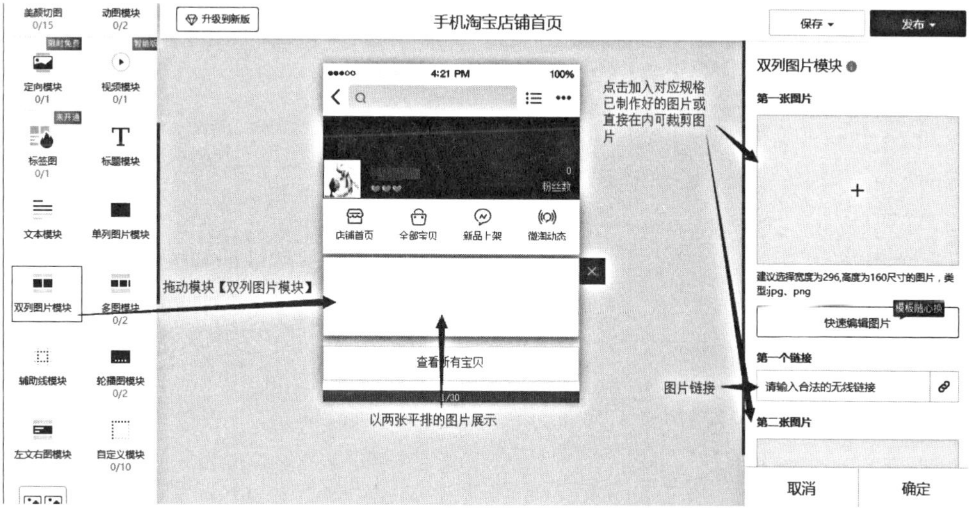

（18）多图模块：图片最多6个，最少3个。选择宽度为248像素，高度为146像素尺寸的图片，类型为jpg、png等。左右滑动图片可以查看更多。虽然图片面积小，但能展示更多活动或宝贝，也可用于展示店铺分类、促销区等内容，是不错的模块。

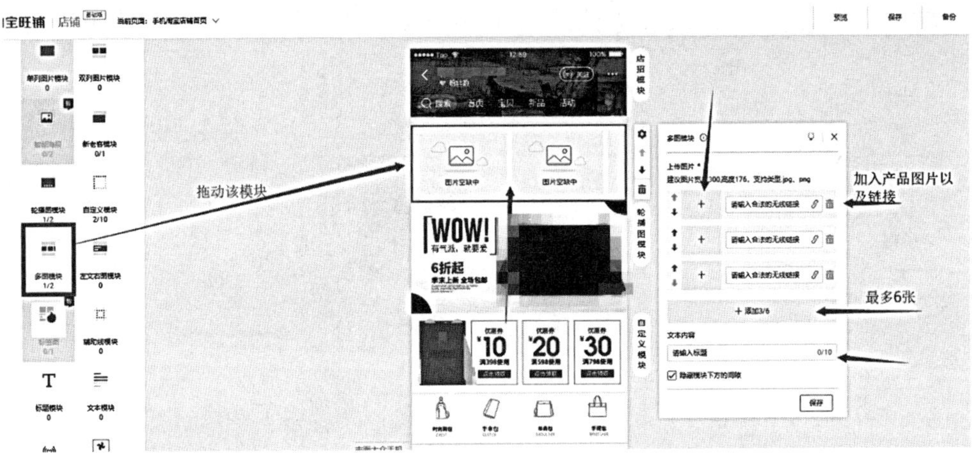

（19）轮播图模块：图片最多4个，最少1个，用来展示店铺优惠活动或主推的宝贝、活动海报展示等内容。

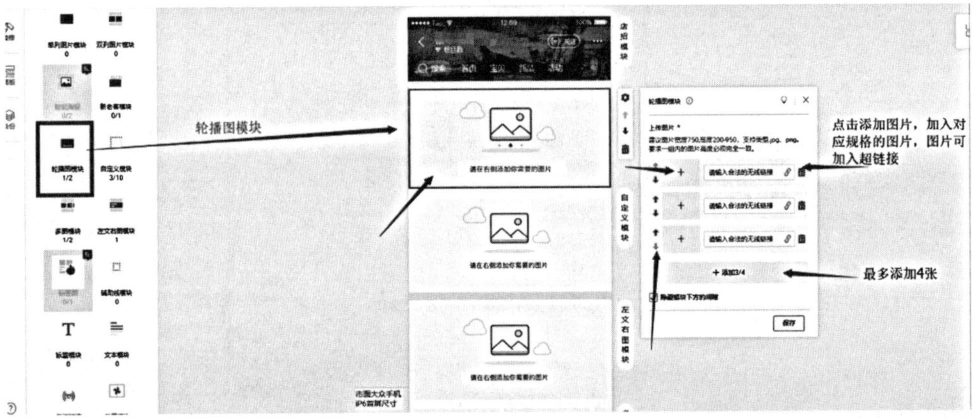

① 轮播图尺寸建议宽度 750 像素，高度在 200～950 像素之间，全屏模式下会自动适配图片尺寸。

② 类型为 jpg、png 等，图片以轮播方式展示。

（20）左文右图模块：左边显示文字，图片是整个区显示，所以制作时，请注意将主图的内容放在图片右边，否则文字会挡住图片。图片选择宽度为 608 像素，高度为 160 像素尺寸的图片，类型为 jpg、png 等。

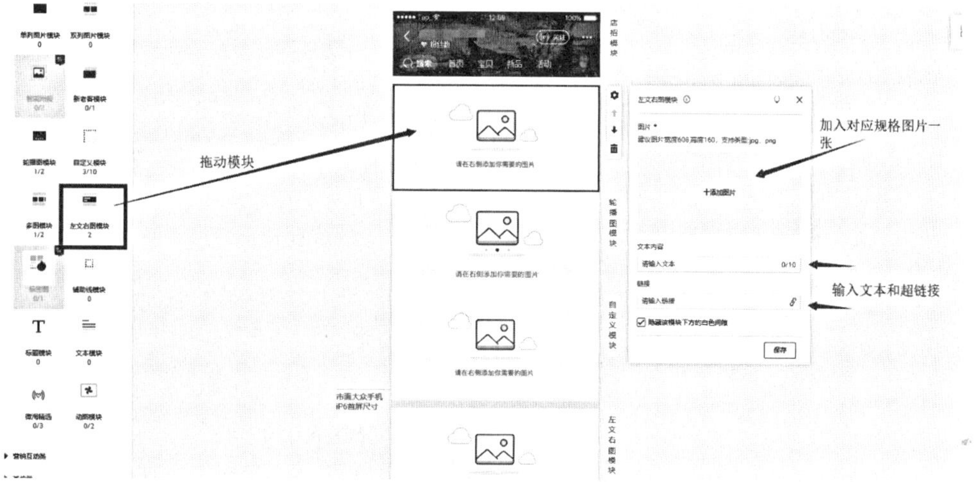

（21）自定义模块：完全由商家定义图片规格、摆放位置；没有摆放的位置以白色显示，能够更有效地发挥创意特色店铺的风格。图片规格由商家自己在区域内定义，定义后在右边会有显示。

点击编辑区域，会出现调整框，商家可以定义图片大小、位置；确定好后双击即可，在右边就会出现要加入图片的参数，编辑完确认后即在左边显示。

最多做 10 个区域，就是放 10 张图片。图片最小为 80 像素×80 像素，最大未要求，但商家要考虑图片加载速度，以免顾客等太久。

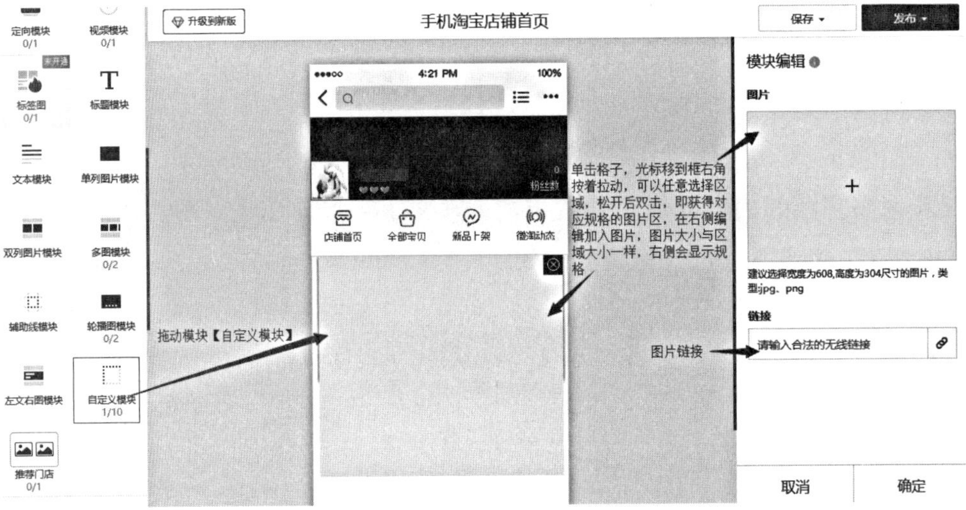

(22) 营销互动类：促销类工具。

(23) 优惠券模块：按照面额由小到大排列，最多展示 6 个优惠券。商家需先在促销管理中创建优惠券，才能在此展示。

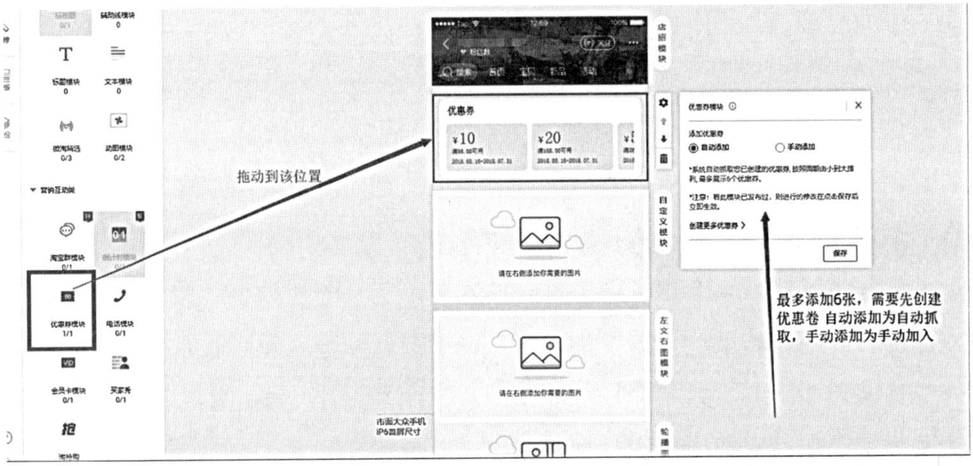

（24）电话模块：号码能让消费者更容易联系到商家，便于更好地服务消费者购物。

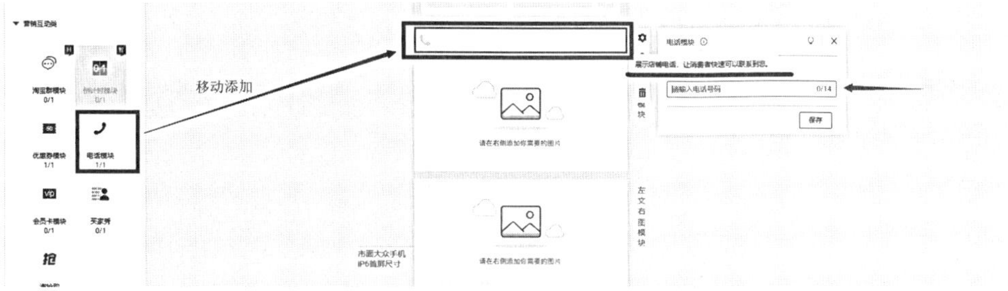

装修中的各类模块都具有所见即所得的应用效果，只要根据提示使用，就可以装修出属于自己风格的店铺。

在手机淘宝装修过程中，商家要清楚各模块的作用。在风格、布局等方面的装修中，也可参考一下别的店铺创意，结合自己的特点、需要来装修的店铺。完成装修后，及时保存，或直接发布。

注意事项：

① 图片格式一般要求 jpg、gif 或 png，具体看提示。

② 装修过程中，请不定时保存，以免电脑出现问题，前期工作白费。

③ 建议装修前，先了解清楚各模块的图片规格，再制作图片，这样可以更快速完成装修。

下篇 运营实战
——玩转推广，
轻松盈利

第 1 讲　提升店铺人气 1：提高宝贝搜索排名

一、影响搜索排名的主导因素

随着淘宝规则的不断变化，搜索的主导因素也会不一样。而淘宝的搜索排名和卖家的排名（也就是展现）息息相关。

1. 搜索排名和搜索权重之间的关系

权重是一个相对的概念，由很多环节构成，受多种因素影响。权重分为：店铺权重、单品权重、标题权重、上下架时间权重、类目权重、人气权重、个性化搜索权重等。

权重就像人的身体，由很多器官组成，每个器官都是身体的组成部分。器官的好坏都会影响人最后的身体状态，权重也是一样的。搜索会影响权重分值的获取，同样的道理，权重分值会影响商品的排名。

2. 影响搜索排名的主导因素

按照综合排序，影响排名的因素有宝贝 7 天销量、30 天销量、宝贝的搜索转化率、动态评分、客诉纠纷、服务、二次回购、单品宝贝的上下架时间、UV 价值、单坑产出，以及店铺权重等。下面以搜索“豆浆机”为例，根据综合排序展示的最终搜索结果。

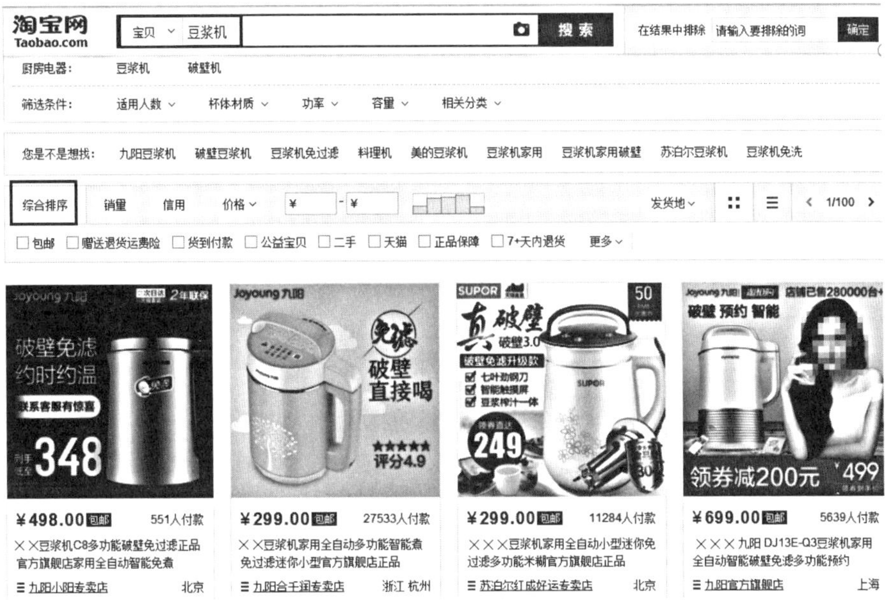

按照人气排序，影响排名的因素有单品的收藏、加购、7 天转化率、30 天转化率等。下面是以搜索“连衣裙”为例，根据人气从高到低展示的最终搜索结果。

而按照销量从高到低排序，只有 30 天销量越高，排名才能越靠前。

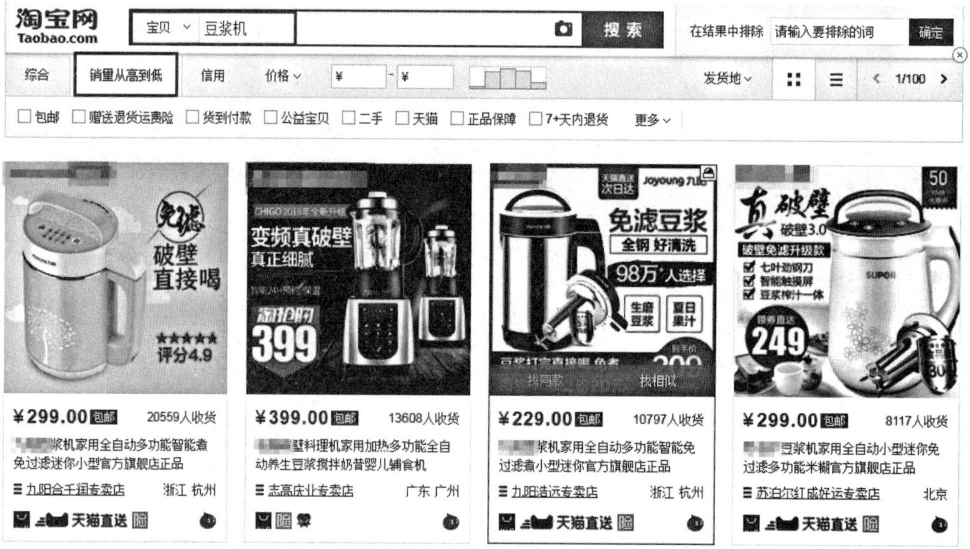

二、快速提升搜索排名的方法

要做到快速提升搜索排名，就要做到正确引导买家，要本着诚信经营、互惠互利的原则去解决问题，尽量避免中差评，提高销量。同时，要有意识地推广引流，提高店铺、单品的人气和销量，从而提升关键词的排名。

提升搜索排名的方法可以尝试以下几种方法：

（1）设置 VIP 会员专享价及 VIP 会员。

（2）建立老客户专享机制。

（3）采用积分、抽奖机制，吸引新老客户参与到活动当中。

（4）从标题着手，只有符合搜索引擎原则的标题才会被优先抓取，得到更多曝光的机会。

① 相关性原则。

标题的各关键词相关性要高度符合主图、详情页及产品属性的描述信息。

② 从深度到广度。

要分析关键词的竞争度，选择竞争度低的关键词效果更好。例如：A 关键词的竞争度是 10000，B 关键词的竞争度是 3000，制作标题时，B 关键词被曝光的几率更大。

③ 从两头到中间抓取的原则。

搜索引擎一般采用从两头到中间逐步抓取关键词的原则，因而，在制作标题时，要把核心词放在整个标题的前后两头，才更容易被系统抓取。

第 2 讲　提升店铺人气 2：培养人气宝贝

一、决定人气宝贝的因素

淘宝搜索除了有综合排序、销量排序以外，还有人气排序。影响人气排序的核心指标，有单品宝贝的访客量、收藏量、加购量、关注量，以及店铺的权重。商家要在生意参谋后台留心自己宝贝的数据，了解数据是持续上升的，还是跌宕起伏的。好的产品一定会反馈好的数据。同时，商家要做好店铺的基础配置，比如说标题、主图、详情页、店铺内部的装修，以及宝贝的其他基础设置，这些因素也会影响买家对宝贝的喜好度。

在传统的淘宝操作思维里面，大部分类目都是以销量为王，销量越多的产品，排名应该越会靠前。实际上并非如此，很多销量高的产品，排名并非最靠前。如图所示，搜索“女鞋”的排名结果，销量高的不一定在销量低的前面。通过搜索其他类目可以佐证这一点。

产品排名是否靠前，考核的是宝贝人气、关键词搜索转化、店铺层级、动态评分、单坑产出、宝贝上下架的时间，以及店铺的整体权重等。

¥28.00 包邮
212人付款
浙江 台州
¥159.00 包邮
1323人付款
浙江 温州
险 新

观察宝贝人气，如下图：

惠
最高佣金登录联盟
最优券
举报
查看标题打分
冬季加绒靴子，加绒保暖
价格 ¥128.00
12 累计评论
132 交易成功
淘宝价 ¥59.00 活动价
汇电商：店铺分析 宝贝热销分析 店铺展现词 商家交流群：加入QQ群
工具箱：黑科技 推广工具 淘宝展现词 无线展现词 直通车展现词
优惠券:隐藏(0)
淘客佣金:3%
没有鹊桥佣金
监控店铺&宝贝
看店宝：宝贝分析 评价下载 全店销售 店铺分析 DSR计算 店铺上新 降权查询
店侦探：店铺日销售分析 宝贝日销量 宝贝展现词 无线展现词 直通车分析
优惠 店铺优惠券 10元店铺优惠券，满238元可用 领取
店铺优惠券 5元店铺优惠券，满138元可用 领取
收藏宝贝（1644人气）
分享

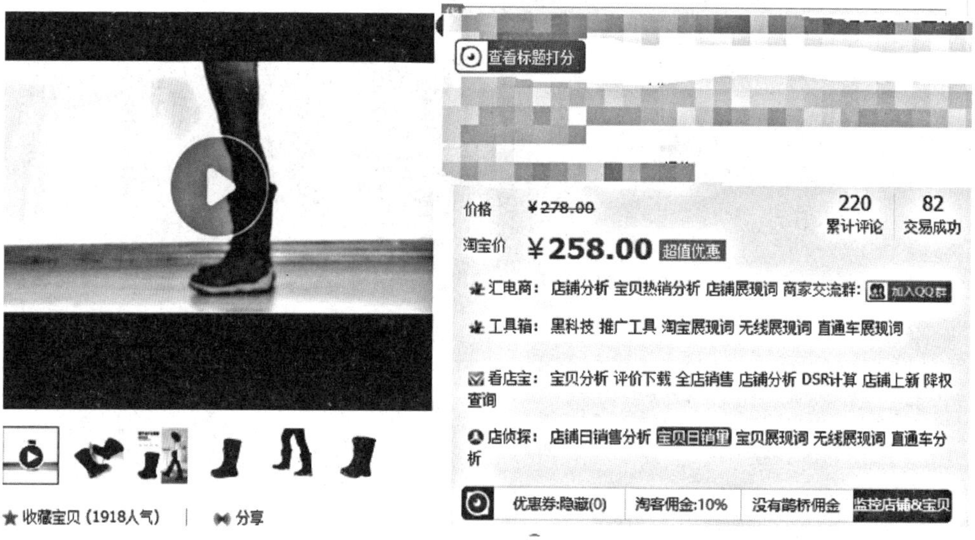

查看标题打分
价格 ¥278.00
220 累计评论
82 交易成功
淘宝价 ¥258.00 超值优惠
汇电商：店铺分析 宝贝热销分析 店铺展现词 商家交流群：加入QQ群
工具箱：黑科技 推广工具 淘宝展现词 无线展现词 直通车展现词
看店宝：宝贝分析 评价下载 全店销售 店铺分析 DSR计算 店铺上新 降权查询
店侦探：店铺日销售分析 宝贝日销量 宝贝展现词 无线展现词 直通车分析
优惠券:隐藏(0) 淘客佣金:10% 没有鹊桥佣金 监控店铺&宝贝
收藏宝贝（1918人气）
分享

观察店铺层级，如下图：

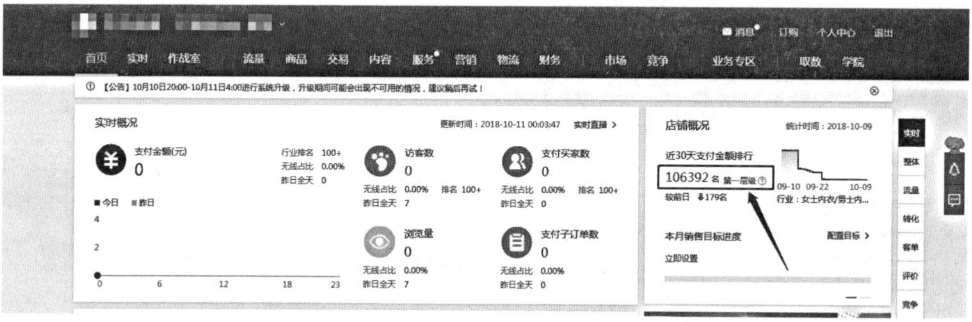

消息 订购 个人中心 退出
首页 实时 作战室 流量 商品 交易 内容 服务 营销 物流 财务 市场 竞争 业务专区 取数 学院
实时概况
更新时间：2018-10-11 00:03:47 实时直播
支付金额(元) 0
访客数 0
支付买家数 0
浏览量 0
支付子订单数 0
店铺概况
统计时间：2018-10-09
近30天支付金额排行
106392名 第一层级
较前日 179名
行业：女士内衣/男士内...
本月销售目标进度
配置目标
立即设置

观察店铺 DSR，如下图：

观察宝贝上下架时间，如下图：

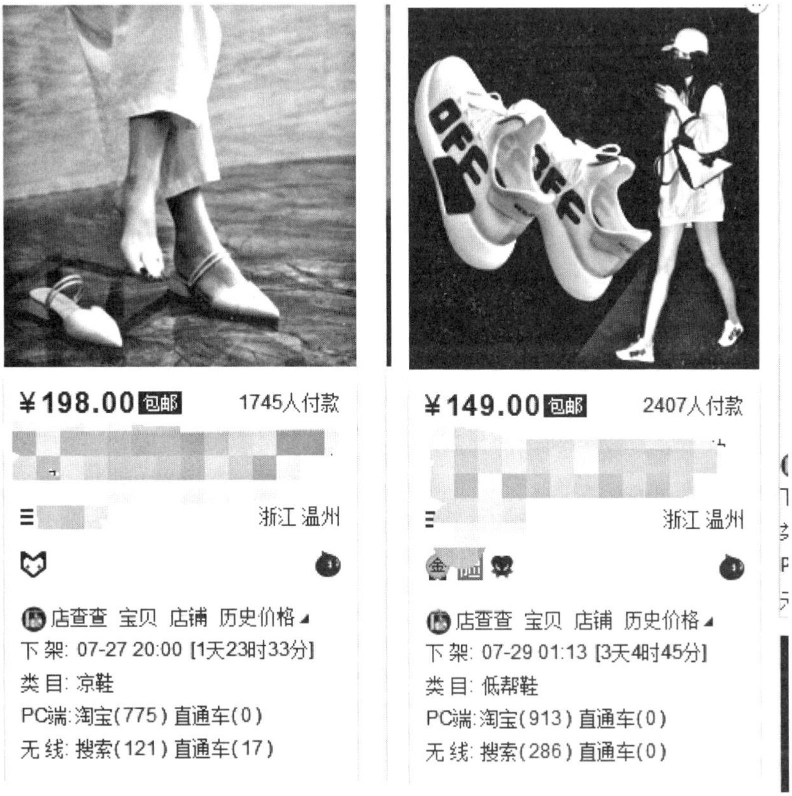

二、人气宝贝养成记

想要打造成一个高人气的宝贝，首先要从买家需求入手，找到受众度高的产品。

1. 收藏加购

（1）买家主动收藏。

买家在没有任何条件诱惑的前提下，主动收藏加购某个宝贝的时候，说明这个产品本身就是一件受众度高的产品。

（2）引导买家收藏。

面对意向不是很强烈的买家，商家可以引导他们去收藏加购自己店铺的宝贝，比如设置收藏优先发货，收藏加购送金币，等等活动。这些活动能够帮助提升宝贝的收藏加购率。

2. 关注店铺

（1）装修风格吸引买家。

店铺的风格别致，有自己的特色，微淘及整体店铺的装修有自己独特的见解，让人印象深刻，可以吸引买家的关注。

（2）活动引导关注。

不定时地推出促销游戏，比如抽奖游戏，加上客服话术引导，比如关注店铺凭截图可以获取小礼物等，可以提升店铺的关注度。

3. 提高转化率

商家从买家心理入手，根据买家的购物心理去设计详情页、主图、店铺装修、买家秀等，能够有效提高转化率。另外，将客户有可能担心的问题、存在的疑惑，添加视频进行阐述，也能够提高转化率，同时，主图视频也可以实现一定程度的加权。总而言之，商家不仅要塑造产品本身的价值，还要推出营销、促销活动促使买家下单，从而实现全面提升转化率。

第 3 讲　提升店铺人气 3：稳固老客户

一、创建“鱼塘”的方法

淘宝的流量增长已经达到了瓶颈期，新卖家抢占流量的成本越来越高。在这竞争激烈的情况下，商家的运作方向应该不再是仅仅大量地发展新客户，而是做好现有客户留存的工作，即老顾客的维护工作。

老顾客的维护工作内容包括现有的淘宝运营、更新手淘、推出视频等。现在，老顾客的权重越来越高，商家要留住顾客，就要完成这些工作，维护一位老顾客的成本要远远低于发展一位新顾客的成本。

老客户的维护方法有很多种，既有淘宝系统内部的微淘、CRM 短信等方法，也有淘宝系统外的微信、QQ、微博等方法，还有线下的售后卡片、电话等方法，如下图所示。

商家通过这些常用的社交软件，比如微信、微博、QQ 群、朋友圈、微淘、旺旺群等，就可以创建自己的“鱼塘”。创建好了鱼塘，就可以采用“鱼塘营销”的方法，进行专项营销。

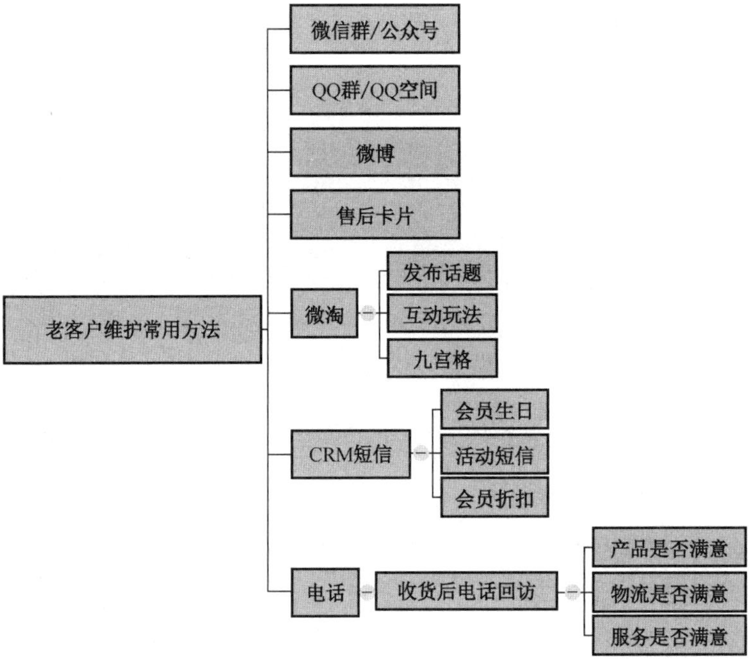

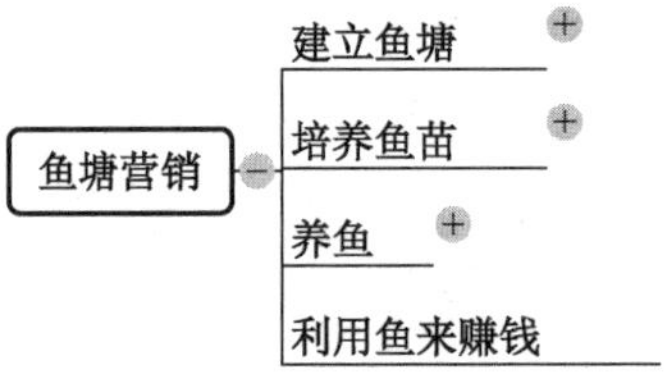

二、创建“鱼塘” 的事项

1. 建立“鱼塘”，以微信为例

以微信为建立“鱼塘”的平台，可以参考以下流程：

(1) 准备微信账号。

首先要准备好微信号，名称为“××店铺老顾客福利专用号”，取一个简单的名字，目的是让买家记住店铺名称。

（2）福利截图。

利用与用户交流的内容截图，来展示良好的店客关系。

例如给客户发红包，并将聊天记录截图，将截图晒到朋友圈，以此增加客户的信任度。

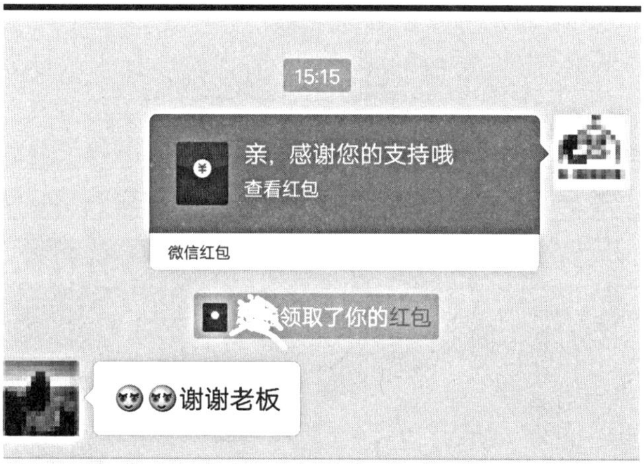

（3）收集并分享励志短语。

商家可以从朋友圈、公众号、书籍里面收集励志的短文、短句，发到自己的朋友圈中，以此增加店铺曝光度，同时提升店铺在老顾客心中的存在感，吸引价值取向相同的客人。比如：“生活中每个人都有自己的主见和意识，没有人总会依照别人的想法去做事，一个人的生存也不是为了满足他人，而是需要对他人理解和认可，尽量减少对他人的挑剔，多给一点理解和宽容。”此类励志短句一般会得到大多数人的认同，也会提升店铺账号的影响力。

（4）用店铺的活动和产品介绍作为内容进行发布，以此提高客户对店铺的关注度，让他们加深印象。

（5）商家的朋友圈至少需要15天的内容，至少需要20条信息。“养鱼”的前提是商家得有优质的“水、草”，以及优美的“环境”，给客户提供一个安全放心的购物平台，丰富的朋友圈内容可以带给客户积极向上的感受，也是店铺经营实力的体现。

三、培养“鱼苗”

（1）通过微淘通知老顾客添加微信送红包，如下图。

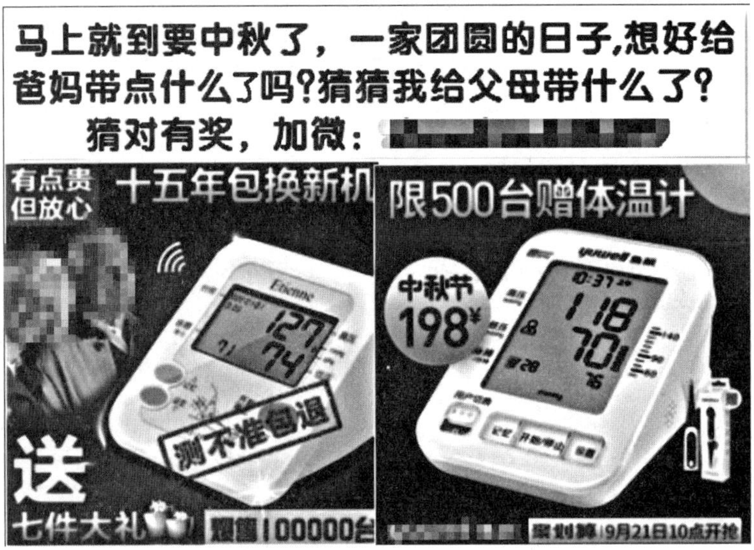

（2）当天购买的客户，我们通知他们加微信，如下图。

亲，感谢您选择了xx，现在加我们店铺【微X】可以领取30元的优惠卷哦，而且每月【微X】会举行《新品免费送》和《新品5折》的活动哦，如果您有兴趣的话 可以加【微X号：[redacted]】或者直接扫下面的二维码添加下哦，添加上的微X上发下您的淘宝账户名哦，然后截图给客服，会及时发送优惠券给亲呦！

（3）加老顾客的微信。

导出老客户订单，用手机号加微信，每天添加不要超过20个好友，备注客户的名字，通过的几率会大些。

四、“养鱼”

（1）当客户通过之后，发小额的红包，并发送类似下面这样的一段话。

××您好，冒昧地加您很抱歉，您之前购买过我们的××产品，特此来感谢，为您提供一下后续服务：

① 我们店铺有您需要的产品，一律以优惠价给您。

② 您生日的时候我们会免费赠送您一件礼品。请把您的生日告诉我们，届时我们会精心准备一份礼物。

③ 您介绍您的朋友到我们店铺，只要报您的名字，一样享受优惠价。

④ 我这个微信号是专门给老顾客福利的，请多关注我的朋友圈，有很多互动的游戏，都有奖励的哦，有红包或者礼品！

（2）给客户备注旺旺和账号级别。

账号级别高的都是优质账号，加权高的买家破零的机会相对高。

（3）在电脑上制作一个 Excel 表格，统计好老顾客的旺旺 ID、级别、电话号码、生日、地址等信息，方便查找客户资料。

旺旺 ID	级别	电话	生日	地　　址
潭州旗舰店	5 钻	400-1567-314	11 月 11 日	湖南省长沙市芯城科技园 10 栋潭州教育

（4）套近乎，提高客户的黏度。

通过互动加深印象。关注买家的朋友圈，看他们发的内容找话题，关心他们，主动给予关心和点赞。

例如在朋友圈看到客户发了生病的信息，商家应主动联系客户询问情况，身体是否好些了，天气凉了，要注意身体哦。商家的关心、付出和行动，都会影响客户。善因得善果，自己种下的种子，每天浇水、施肥，总有一天会开花结果。

主动出击，发布热门的话题。每天从微博找几个热门有趣的话题，发布到朋友圈。一般来说，微博的热门话题，发到朋友圈也是热门。

例如发布娱乐小游戏、互动小游戏，三天一次或者一周一次。

① 说一说你是如何被他/她告白的？

② 亲们还记得我们店铺的全称吗？我们店铺的名字是什么？第一个答对的奖励10元红包，不能有错别字哦。中奖名单明日揭晓。

（3）生日关怀。

每天查看客户资料表，筛选过生日的顾客，主动联系他们，发个红包祝他们生日快乐。顾客在生日这一天收到红包一定会十分开心。然后告诉顾客，我们给他们准备了小礼物，今天在店铺购物下单，可享用生日优惠券，并将小礼物和商品一同邮寄给顾客。

（4）抓住用户心理。

朋友圈同步更新淘宝店铺新款，同时有技巧、广泛地联系老顾客，通知他们有优惠名额限制。

例如：老顾客福利又来了，上新款了，前10名老顾客成本价我们再亏10元，有兴趣的找我领优惠券，仅限10名。

风格统一，限时限量，利用老顾客群体，可以做到迅速出单破零。

通过这一套方法，注重小细节，留住客户不再是一件困难的事情，同时还解决了老顾客回购率低和新的商品没销量这两个问题。

第 4 讲　提升店铺人气 4：巧妙定价

一、 不可遗忘的细节

每一件产品都有它的价值，在不同人的心里都会有不同的衡量标准，因此任何产品在销售的时候，都需要有一个定价，这个价格不应该是盲目制订的，而是考虑综合因素之后做出的合理定价。

合理定价，细节往往容易被遗忘，常见的细节有以下这些内容：

人力成本	人数	工作时间	工资		人力成本占比
固定成本	办公用品	水电费用	房屋租金	税务费用	固定成本占比
营销在本	推广费用	材料费用	其他赠品		营销杨本占比
产品成本	出仓	包装	物料成本		产品成本占比
退换货损利	卖家发货运费	赔偿买家运费			退换货损利占比

将成本写成计算公式：成本＝人力成本＋固定成本＋营销成本＋产品成本＋退换货损利。

二、 定价法则

细节决定成败，思路决定出路。在做淘宝的路上需要坚持，更需要敏锐的洞察力。

定价需要有整体规划和策略，首先分析产品自身的优、劣势，以及竞争对手的情况，做到知己知彼，这样才能确定一个消费者既能接受，卖家又有利润可赚的合理价格。

产品价格有区间，这是淘宝区分流量的重要因素之一。一个店铺的价格区间决定了获取流量的人群。

以卫衣女为例：下图中有 5 个阶段的价格，其中 31～94 元的价格区间，有 45%的用户喜欢。商家在考虑定价的时候，如果要针对这一客户群体，产品价位的选取就不能有 31 元以下的，也不能有 94 元以上的。卖家的产品定价不在范围之内，有对应的买家进入店铺，也不一定会下单，就会导致流量不精准。

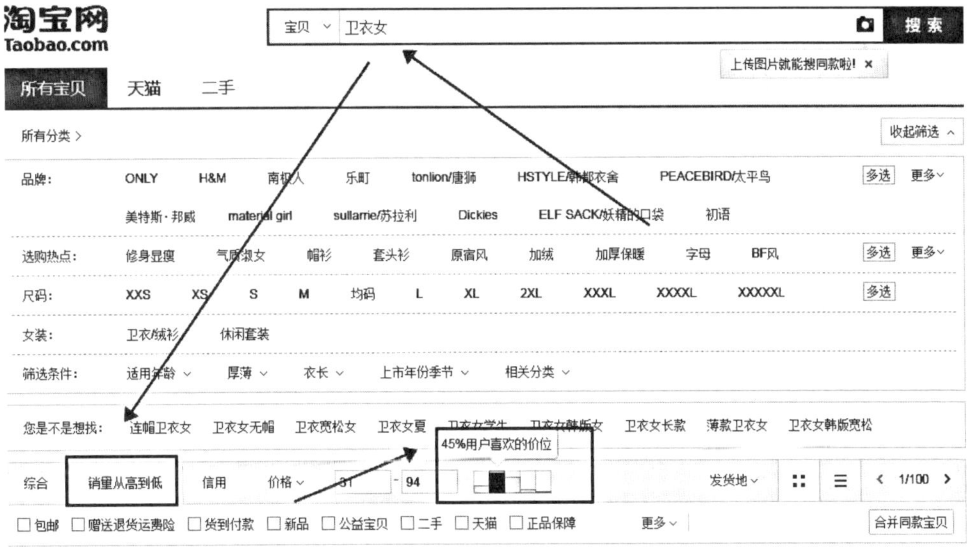

以此饼状图为例，此图是保暖上装类目 2016 年 1 月到 2017 年 8 月价格段

成交占比。图片显示，价格段成交占比最高的是 50～100 元，占比 33.95%，价格 150～200 元占比 22.78%，价格 100～150 元占比 19.53%。成交的价格都会有一个区间，而不同的区间成交的占比会不一样。因此，一个店铺不论有多少个产品，商家都需要合理地定位好产品的价格区间。这样才能获得更高的成交量。合理的定价也成为卖家提高成交量的重要因素。

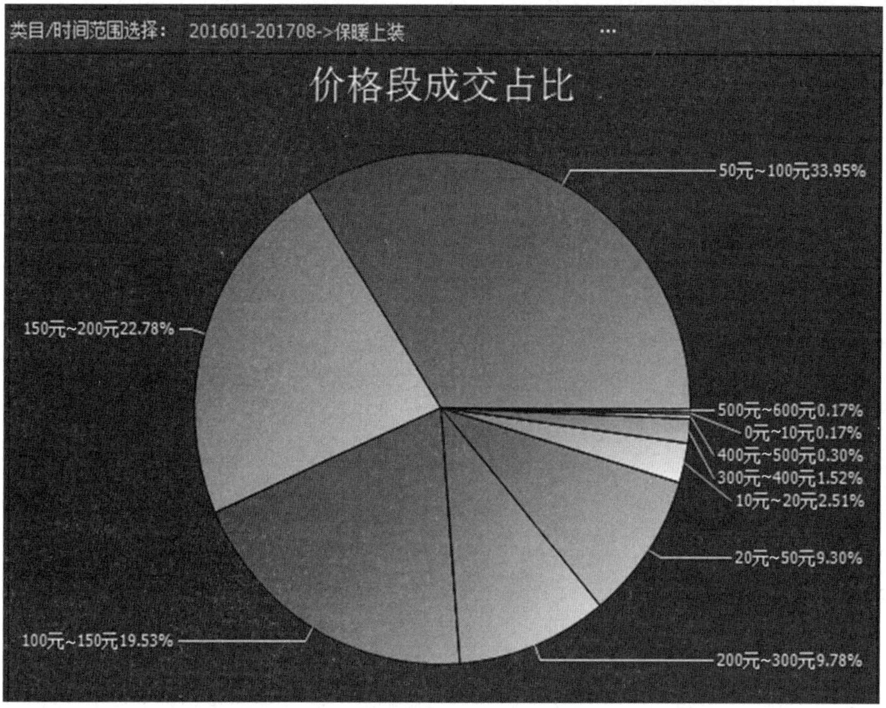

总结：先核算成本利润，了解行业市场价格，收集数据，最后选定价格区间，确定商品的价格。

第 5 讲　提高店铺信誉度 1：提高好评率和动态评分

一、好评率与动态评分的重要性

做过淘宝或者即将入驻淘宝的商家都知道好评率对一个店铺的重要性。现在，很多生活类服务都有推出并使用好评率的手段来展示工作人员的服务水平，比如打车、外卖等。

淘宝官方定义的好评率作用是：

① 好评可以提高卖家店铺的信誉度，提高买家对产品质量的认可。

② 好评可以增加店铺的人气和浏览量，从而提高店铺的等级。

卖家信用评价展示　好评率：99.34%

最近一周　最近一月　最近半年　半年以前

	好评	中评	差评
总数	10542	20	21
服饰鞋包	10527	20	21
非主营行业	15	0	0

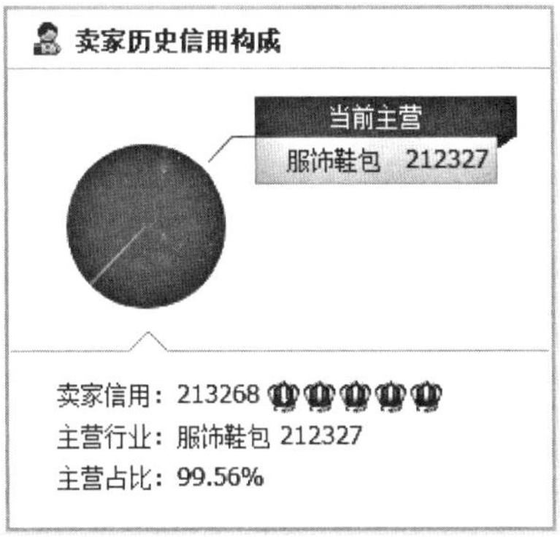

好评对卖家影响最大的是单品的转化率。比如，某件商品在正常出售中，转换率正常，突如其来的几个中差评，会迅速拉低转化率，甚至拖垮这个商品。这是很多卖家都有过的亲身经历。

二、动态评分

很多用户在购买商品时，会格外关注好评率，自己作为卖家也是如此，从而忽略了动态评分。动态评分对网店的发展也非常重要，前期不注重，后期补救无方。

1. 动态评分的参考价值

（1）店铺商品排名权重。

（2）申报淘宝官方活动。

（3）同行业动态评分对比。

（4）给顾客留下好印象，从而能够提高店铺的成交转化率。

天猫商城没有信誉评价系统，动态评分是反映一个店铺综合实力和行业竞争实力的核心因素。每年约有百分之八的店铺因为动态评分不达标，而遭到天猫降级或退约。比如某些旗舰店注资百万元，因为评分过低而被降级或退约，影响长远发展。

2. 动态评分对店铺的影响

（1）店铺的动态评分小于4.4分，店铺内所有宝贝都会被搜索降权。被降权后，宝贝在与其他相同关键词的商品一起被搜索时，会排在最后方，基本不可能被搜索到。

（2）动态评分是淘宝搜索排名的三大重要因素之一，与销量和关键词热度的重要性相等，若动态评分太低，在搜索时会被排到相对靠后的位置。

（3）近两年，淘宝很多的大型活动要求店铺动态评分在 4.6 分以上才能参加。如果因为动态评分不足而不能参加，很可能就失去了一次展现自己店铺的机会。做大类目、低客单价的卖家，都希望能上天天特价等活动，即便无法大卖也能带动店铺的动销，这时，动态评分就显得至关重要。

3. 动态评分的指标

动态评分有三个衡量的指标：描述相符、服务态度、发货速度。动态评分一旦打出后就无法修改，是真正意义上买家在网购过程中手里最大的牌。对于一个普通的 C 店来说，动态评分就是它的生命，反映了店铺的综合实力和行业竞争实力。比如，买家看中了店铺的一款商品，商品的图片和描述都非常精致诱人，当买家准备购买时，发现这家店铺的动态评分低于行业的平均标准，呈现绿色，买家就不一定会购买了。反之，如果看到店铺的动态评分全部高于同行，那买家毫不犹豫付款的可能性就很大了。

三、 提高好评率与动态评分的方法

现在，淘宝全面禁止好评返现，也有个别买家借此故意敲诈勒索卖家。因此，卖家就不能有违反淘宝规定、人为干预动态评分的行为，否则会得不偿失。比如某商家因为动态评分过低，人工操作，最终被封店。好评率与动态评分对于一个店铺至关重要，不仅参加活动需要考核动态评分，好评率与转化率也息息相关，也会影响店铺权重。

1. 动态评分的定义

店铺动态评分是指在淘宝网交易成功后，买家对本次交易的卖家进行如下三项评分：宝贝与描述相符、卖家的服务态度、物流服务的质量。每项店铺评分取连续六个月内所有买家给予评分的算术平均值。每个自然月，相同买、卖家之间交易，卖家店铺评分仅计取前三次。店铺评分一旦做出便无法修改。

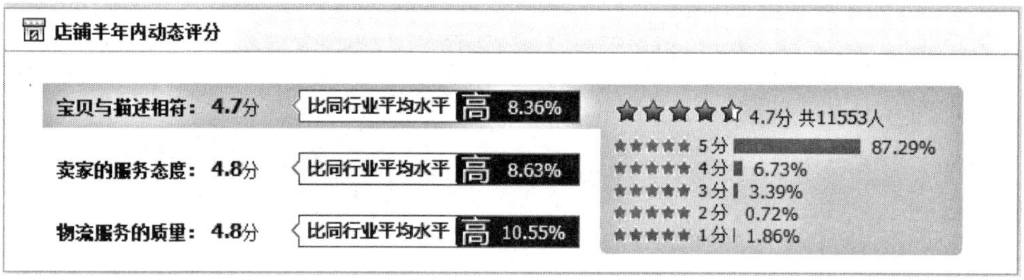

2. 关注动态评分

卖家应该绘制表格，每天关注动态评分的变化。比如，连续 5 天降低，就应该引起卖家重视，要查找店铺存在的问题并进行优化。

3. 优化动态评分下滑的方法

(1) 首要，分析动态评分低的原因，为下一步改善提供参考依据和方向。查看店铺中差评较多的宝贝，分析得到中差评的原因，归结到描述相符、服务态度、发货速度这三项指标并记录。从产品质量、掌柜（客服）服务、仓库发货等方面着手，结合自身实际情况，查看并优化真实存在的问题。

(2) 其次，着手提高当下的动态评分，我们不要做虚假交易，因为阿里巴巴上市之后，虚假交易和售假的情况被无限放大，淘宝严打力度越来越大，所以采用合理、合法的手段来提高动态评分才是正途。

(3) 提高当下动态评分的技巧。

① 客服态度至关重要。客服的专业知识、响应速度、服务态度直接影响店铺的动态评分。每一位咨询的客户都至关重要，只要照顾好顾客，提高转化率，店铺的排名就会相应提高。

② 主图、详情页不夸大宣传，不做无法兑现的承诺。店铺的商品文案有

引导消费者的作用。比如某商品的图片非常“高大上”，给予了客户很高的期望，并成功吸引了转化。而实物跟图片相差甚大，不能满足买家的心理预期，让消费者不满意，就会导致动态评分降低。

③ 物流上的努力。跟踪物流情况、做好回访。产品发货之后，及时跟踪物流情况，了解最新运输信息，物流信息显示正在派送中时，及时提醒顾客保证电话畅通，让顾客感觉到商家的贴心。这样的操作可以带给客户额外的收获。

物流速度是最不可控的，所以对这方面的维护更需要商家努力。如发生突发情况，一定要主动和客户沟通。

关于物流，也有些小诀窍，如可以在快递模板上写上：“麻烦快递小哥，这个买家对我们非常重要，请一定要及时送达!”这句话不是写给快递看的，而是写给买家看的，当买家看到这句话的时候会感受到商家的用心，从而减少中差评，避免动态评分降低。

④ 短信关怀。短信关怀的作用，不仅能提高好评，还可以在物流显示签收后，及时发送短信，赠送店铺优惠券，提醒顾客如果满意的话，及时确认收货并给予评价。

⑤ 确认卖家的评价须及时。在顾客确认收货之后，及时抽出时间给顾客做出评价。卖家的评价确认后，才能看到顾客的评价。如果顾客的评价是中差评，卖家可以及时和顾客沟通。

⑥ 处理已经收到中差评的方法。面对中差评，沉着冷静。首先要找出这位顾客给中差评的原因，一般顾客给中差评时会说明原因，结合原因找出核心问题，或者判断这位顾客是什么类型的人，找到交流的突破口。如果顾客旺旺在线的话，就要及时和顾客沟通，沟通好的话，大部分的顾客会修改评价。

如果顾客不在线，就需要电话联系顾客沟通了。打电话过去时要说明自己是什么店铺的，然后咨询顾客为什么给中差评，交流过程一定要诚恳，不能有语言上的冲突。如果是自己的错误就主动承认；如果让顾客有所损失，就要给顾客金钱上的弥补。同时说说好评对店铺的重要性，适当说说开网店的难处，这样一般的顾客都会愿意修改评价的。

很多时候出现中差评也不一定是店家的责任，但从顾客的角度来看就是店家的责任。一旦出现纠纷，买卖双方的立场肯定是不同的，如果各自都坚持自己的立场，那么最终不利的只是店家。特别是一些赠品，在发货多的情况下，很容易出现质量问题，这时店家就需要及时承认错误，承担责任。

出现中差评的时候必须做好与顾客的沟通，换位思考，用心交流，解决问题。

⑦ 利用小赠品，让客户有意外惊喜。消费者想要买的是宝贝，但额外的小赠品才是超出他们期望值的意外，让他们惊喜的部分。这种方式，每一个卖家都可以用。阿里巴巴上有很多非常精致的小东西，成本不高，却可以给顾客带去很多的惊喜。

关于赠品的建议：

a. 多样化。多送几样，每样少送一点儿，比只送一样，送了很多，更能带来好感。

b. 精致化。不要因为仅仅是赠品，就送劣质的东西，赠品更应该精致。消费者会认为赠品都这么精致，商品肯定也不错。不要小看买家的心理设想，如果把握好的话能够省去很多的事情。

c. 包装化。不要认为赠品就可以随便扔在盒子里面，赠品也要包装起来，简单一点儿即可。

d. 隐藏化。赠品可以采取提前不告知的方式，不要提前说出来。不要为了提高转化率一开始就宣传，赠品毕竟是赠品，不一定会达到所有买家的心理预期。如果没实现意外的效果，收到的就不是惊喜，反而会让买家不满意。

⑧ 包装盒里的一封信。现在好多商家都会做一张卡片，写上五星好评返现。淘宝已经全面禁止好评返现，这个方法并不可取。

用心给自己的客户写一封手写信，写上开店初衷、商品介绍、个人见解、使用教程等，最后加上给买家的祝福，然后复印出来，简单的几行正能量的文字，好评自然来。

第 6 讲　提高信誉度 2：正确看待卖家信誉度不正当操作

一、错误的固有思维

自淘宝兴起，就有人为了投机取巧而采用人工操作，也就是常说的刷单，刚开始只是小打小闹，后来则慢慢演变成大范围的常见操作。诚然，淘宝前期人工操作是有很多的益处，也确实提高了关键词与产品的排名，拓展了关键词流量等。操作方式也越来越多样化，从以前的七天螺旋发展到后来的单坑产出，花样与原理都实时根据系统变化而变化。

到了 2017 年，淘宝终于下定决心强力打击人工操作，并适时推出了“千人千面”，根据买卖双方的标签，稽查行为是否异常。

所以，不要抱有侥幸心理，淘宝的稽查机制越来越强大，强大到只要有虚假交易，就可以用各种维度的技术查出来。很多卖家都因被系统稽查到虚假交易而受到处罚，得不偿失，后悔莫及。

1. 违规行为一：卖家之间互刷

这是早期比较常见的一种违规做法。比如在某种培训机构中，学员与学员之间（卖家和卖家之间）进行互刷。

一般情况下，这些卖家都会有自己的小号，这个小号就是专门用于刷单的。而这些小号大多数情况下都是新申请的，申请后就开始互刷。这类账号的消费记录里，买过高端的东西，也买过低端的东西，韩版的喜欢，欧美风格的也喜欢，既买过母婴用品，也买过大学生用品。搜索引擎根本无法判断这个消费者的个人标签和行为标签。这样操作后最好的结果是这次交易无法给你带来任何加权，仅仅只是一个销量。而大部分情况下，淘宝的稽查手段很快会核查到虚假交易记录，并做出相应处罚。

2. 违规行为二：平台上放单

某些淘宝卖家在专门组织刷单的平台上放单，该行为严重违法。淘宝在稽查刷单的时候，很大的一部分精力是放在平台上的，这种做法被查处的几率非常高。

3. 违规行为三：找朋友刷单

不少商家认为找朋友刷单，真实发货是安全的。实际上，每一位消费者是有他自己习惯的购物行为的，而他在刷单的时候，有可能行为异常导致刷单无效，也有可能因此被淘宝稽查。比如，某个消费者一般情况下是从导航网站进入淘宝，然后再进行相应的购物行为。刷单时，他直接输入了淘宝店铺的网址，进行了相应的购物行为，对于淘宝平台来说，这就是一种异常行为。

二、不正当操作的危害

1. 危害

现在因虚假交易被抓的影响比以前更大。以前被查到，可能违规商品本身会受到影响，而现在整个店铺的综合质量得分，都会因为虚假交易被查而导致下降。

因为个性化推荐技术的发展，商家人工操作的时候，最大的危害是对自家店铺标签和产品标签的负面影响，其中最关键的是影响人群标签和他们的行为标签。

每一类商品都有其特定的目标人群，而目标人群又会具备某些类似的人群特征和行为特征。实际在人工操作的时候，商家根本无法保证找来的刷手恰好是该商品的目标人群，这样店铺标签就会受到影响。

比如，A店铺是卖家具的，针对的主要目标顾客群，一是刚买房子的人，二是需要搞装修的人，三是专门帮别人做装修的人。这些人的特征经过一一分析可以得知，肯定不会是学生，至少是上班族，年龄在25周岁左右，刚刚买了房子，因此在淘宝上的搜索除了家具以外，灯饰、床上用品等都很普遍。如果连家具都从淘宝上买，那么装饰用品、卫生器具也会在淘宝上购买。

商家要找到这样的人做刷手是很难的，真正在搞装修的人是没有时间去做刷手的。做刷手的人基本比较闲，比如大学生。这些人和真正购买家具的买家有非常明显的区别，购物需求和行为路径完全不同。如果请了这样的刷手，刷的越多，店铺标签会越混乱，结果是店铺标签越混乱，商家所能得到的个性化推荐流量越不精准，数量也会越少。

2. 如何把已经造成的违规影响降到最低

（1）一定要保住店铺层级。

店铺层级最重要的作用就是限制免费流量上限。因为店铺被处罚，最直接的体现就是自然搜索的流量大幅度下降，随之而来的是订单下降，久而久之店铺层级会下降，层级下降进一步影响权重，这是一个恶性循环。因此，首先要做的是通过各种方法保住店铺层级，通过别的渠道把失去的流量补充进来。

补救渠道主要是直通车，如果是特殊的类目（包括违规的商品），可以选择其他的流量渠道，例如加大淘宝客佣金比例，吸引更多的淘宝客来推广自己的产品，或者用直播等，把失去的流量补回来，保证店铺层级不下降。

（2）尽量提高店铺综合质量得分。

综合服务得分主要体现在动态评分上，当动态评分持续上升时，店铺综合质量得分也会上升。因此，商家可以通过提高店铺的综合服务质量来弥补违规的过失。提高动态评分，最常用的是赠品，这也是最好的方式。

三、正确的淘宝运营观念

现在是产品为王的时代，需要踏踏实实地做店铺、做产品、做服务。商家做产品时，首先把主图及标题设置完成，然后再通过相关渠道进行测款，比如通过淘宝客等。访客量大的店铺，也可以选择使用自然流量测款。目前，最精准的方式是直通车测款。

经过测试，主图点击，商品收藏、加购达到行业优秀标准的款式，可以进行下一步推广。

第 7 讲　参加官方活动 1：轻松通过活动报名

一、淘宝官方活动介绍

目前，淘宝的官方活动已经非常丰富，常规的包括淘金币、阿里试用、聚划算、淘抢购等。淘金币是淘宝网的虚拟积分，买家可以通过领取淘金币来兑换产品及抵扣商品价格。对于卖家而言，各种活动对店铺成长均有相应的价值。

1. 卖家获取流量和人气的活动

淘金币活动包括很多种类型，都可以达到获取流量和聚集人气的效果，具体包括以下几个内容：

（1）签到送金币。

（2）收藏店铺送金币。

（3）金币频道商品推广。

（4）全店抵扣。

（5）每日币抢。

（6）超级抵钱 5 折兑换。

（7）超级抵钱 7 折兑换。

2. 适合金币多的卖家的主题活动

有些主题活动由于需要付出的金币较多，所以只适合金币较多的卖家参与，具体包括：

（1）每日币抢 1 万～3 万金币卖家专享。

（2）50 万金币卖家专享。

（3）首屏推荐。

（4）天猫商家专享。

（5）金主专享日。

3. 阿里试用

阿里试用是卖家提供产品免费给买家进行试用，产品以“一口价”的方式计算商品货值。领取后会自动生成一份带图片、带好评的试用报告，展示在卖家店铺的详情页里。参加这个活动的好处是，积累收藏与加购数量，提高店铺的人气权重。参加阿里试用的要求是店铺等级达到一钻。

4. 淘抢购

淘抢购是无线端淘宝最具特色、限时限量的闪购平台，全天 12 个场次轮流推送优质的商品，单品类型活动有今日必抢、抢洋货、抢大牌、普通单坑、最后疯抢、爆款返场、急速抢（由系统自动抓取近期参加过聚划算和淘抢购的单品，无费用）等。品牌抢购展现方式以团购的方式，单团的商品数不低于 30 款，且在 80 款以内。日常品牌抢购店铺需要提前一个月审核并排期，单品最晚在上线的前 7 天提交，审核通过以后，发布上线。

5. 聚划算

聚划算是淘宝官方组织的一种线上团购活动形式。聚划算包含单品团（竞拍团、佣金团）、品牌团、量贩团、海外团等。

报名通道方式一：天猫商家中心—进入“双十一”导航页—点击“营销产品”。在活动报名入口列表中找到聚划算“双十一”活动报名入口，点击“去报名”。

方式二：聚划算商户中心—点击“我要报名”—找到对应需要报名的“双十一”活动—进入活动信息页面，点击“立即报名”。

二、淘宝官方活动的门槛

1. 淘金币活动门槛

（1）淘金币抵扣门槛。

指标项	条　件
卖家类型	淘宝网卖家
店铺信用等级	≥4 星
开店时长	≥90 天
近 90 天店铺支付宝成交金额	>0 元
本年度内严重违规行为累计扣分	<12 分
本年度内出售假冒商品违规行为扣分	<12 分

（2）淘金币频道商品推广门槛。

指标项	条　件
卖家类型	淘宝网卖家
店铺信用等级	≥3 钻
开店时长	≥90 天
近 30 天店铺支付宝成交笔数	≥10 笔

续表

指 标 项	条 件
本年度内一般违规行为累计扣分	＜12分
本年度内严重违规行为扣分	＜12分
本年度内出售假冒商品违规行为扣分	≤0分
DSR三项评分（描述相符、服务态度、物流服务）	≥4.6分

（3）店铺收藏加购送金币门槛。

指 标 项	条件
卖家类型	淘宝网卖家
店铺信用等级	≥4星
开店时长	≥90天
近90天店铺支付宝成交金额	＞0元
本年度内严重违规行为累计扣分	＜12分
本年度内出售假冒商品违规行为扣分	＜12分

2. 阿里试用活动门槛

店铺要求：

（1）集市店铺：一钻以上，店铺评分4.6以上，加入消保。

（2）商城店铺：店铺综合评分4.6分以上。

（3）店铺无严重违规及售假处罚扣分。

商品要求：

(1) 试用品必须为原厂出产的合格、全新且在保质期内的产品。

(2) 试用品总价值（报名价×数量）须不低于1500元，价格不得虚高。

(3) 试用品免费发送给消费者，消费者提供试用报告，商品无须返还卖家。

(4) 大家电入驻菜鸟仓库、天猫物流宝及天猫国际的商品会采用名单发放的形式，不会生成订单，商家要按试用后台名单发货。

(5) 凡是报名参加试用活动的商品，在无线端系统会自动设置收藏店铺申请条件，商家无须设置；PC端系统不做申请条件设置。

(6) 提醒：如报名包含多个sku的商品，系统会随机选择sku下单，建议双方协商发货，如果协商不了，商家需按照报名的sku发货。为避免损失，建议下架其他不期望参加活动的sku，谨慎报名。

3. 淘抢购活动门槛

必备符合的招商要求有日常单品——《淘抢购活动基本招商规则》、今日必抢——《今日必抢活动基本招商规则》、抢洋货——《抢洋货活动基本招商规则》、抢大牌——《抢大牌活动基本招商规则》、品牌抢购——《品牌抢购活动基本招商规则》。除了符合基本招商规则外，还要符合具体活动入口的活动描述要求，报名的商品还要满足大于等于15万元的货值，且活动中至少设置5000元聚人气红包。

今日必抢门槛：动态评分在符合《天猫营销活动基准规则》基础上，各项动态评分在4.7分及以上；店铺星级，集市店铺要求5钻及以上；货值不少于40万元；近30天宝贝销量，价格在500元以下、500～3000元、3000元以上的宝贝交易量分别大于等于30笔、20笔、10笔。

抢洋货、抢大牌门槛：进口、原产地为国外，商品必须为国内/国际知名品牌、知名淘品牌、区域知名品牌，有较高的知名度。

品牌抢购门槛：国内/国际知名品牌、知名淘品牌、区域知名品牌，有品牌授权。为方便商家灵活制订销售策略，对一场品牌活动中单个商品货值、历史销量取消硬性要求。

4. 聚划算活动门槛

近半年店铺动态评分三项指标均值不得低于 4.7 分（开店不足半年的，自开店之日起算），除特殊主营类目外，店铺的近 30 天纠纷退款率必须小于 0.1%。

三、 报名官方活动的技巧

(1) 淘金币活动报名技巧：参加淘金币活动只要满足基本条件即可，但卖家要想上大型活动，对于店铺权重低的，可以选择折扣力度大一些，活动通过的概率会更大一些。

(2) 阿里试用活动报名技巧：货值金额越大通过率越高，一般要卡在 3000 元～4000 元，上的机会大一些，除非店铺权重很高。

(3) 淘抢购活动报名技巧：想要活动通过率高，报名时产品的货值要比同行高出 2～3 倍，这样通过率会更高一些，还有 2 个核心指标就是店铺的层级和单品宝贝的人气。层级越高，宝贝人气越高，通过率就会越高。

(4) 聚划算活动报名技巧：应季产品比非应季产品通过率要高，单品宝贝人气和动态评分高，通过率会高，店铺层级越高通过率越高，报名货值越高，产品通过率也会越高。

四、 淘宝官方活动前的预热

(1) 无论是参加什么官方活动，在活动开始之前需要进行预热，把相关活动的海报、主图、首页宣导都做出来，并且进行覆盖。

（2）客服：客服要先设置好相关的回复，比如说针对发货、快递、尺码等一系列问题，编辑成一套专业的回复，以便在最快的时间内回复客户。还要结合店铺活动，进行活动的宣导，引导买家多买。

（3）仓储：在活动开始之前，一定要做好产品的清点工作，分门别类地把产品区分好，切记不要发错货或发质量有问题的产品。

（4）推广：在活动前，要先预热一波，活动前相关的付费推广频率要呈现递增趋势，配合活动做好预热。

五、淘宝官方活动中的注意事项

（1）在活动开始之前要尽量减少产品的退货率及单品的中差评，店铺切记一定不能违规。

（2）活动结束后如果出现大量的中差评，一定要及时、好好地跟客户沟通，防止活动过后大量中差评影响店铺的综合权重。

（3）活动的售罄率要达到80%以上，不然会影响下次活动的报名。

六、如何规避活动的后遗症

想要规避活动后遗症最好的方法就是让活动延续三天，维持转化，并且切勿乱编辑产品，同时要加大对付费推广的投入。

第 8 讲　参加官方活动 2：通过天天特价迅速成长

一、天天特价活动门槛

（1）报名“类目活动”“10 元包邮”“主题活动”的店铺信用等级须为三钻及以上。

（2）近半年店铺非虚拟交易的动态评分三项指标分别不得低于 4.6 分（开店不足半年的自开店之日起算）。

（3）单个频道、区块或大型活动如有特殊招商规则的，适用特殊招商规则。

（4）开店时长≥90 天。

（5）店铺保证有≥10 个宝贝。

（6）已加入淘宝网消费者保障服务且保证金余额≥1000 元，需加入“7 天无理由退换货”服务。

（7）主营占比 90%以上。

（8）因严重违规（B 类）被处罚的卖家，禁止参加活动。

（9）因出售假冒商品（C 类）被处罚的卖家，禁止参加活动。

（10）魔豆妈妈资质要求：仅针对魔豆妈妈卖家举办的主题活动，招商卖家必须为魔豆妈妈卖家，其余卖家不可报名。报名此类活动时，魔豆妈妈的店铺信用等级为 1 心至 5 钻，且不受店铺实物交易占比限制。如无特殊说明，均需遵守《天天特价管理规范》。

备注：魔豆妈妈是指淘宝公益基金项目——魔豆爱心工程的受助人，此项目旨在帮扶城市贫困妇女在网上创业。

二、报名天天特价活动的技巧

（1）卡宝贝上下架时间：比如说宝贝下架日是 10 月 7 日，那么报名的日期最好就卡在下架日的后 3 天，刚好活动审核的时间就是宝贝的下架日，宝贝越到下架日权重越高，这样可以增加活动的通过率。

（2）单品宝贝权重处于递增状态。递增指标可以参考已经参加活动的同行产品的核心指标进行跟进。

（3）选择新品上活动，通过率会更高一些。

三、天天特价前的预热

（1）在活动开始前，通知一波老客户或者已经收藏加购，或者拍下未付款的客户，引导他们下单。

（2）加大活动的优惠力度，多买多优惠，并鼓励用户分享给朋友，引导下单。

（3）活动前加大付费推广的力度，客服要进行相关的话术引导。

（4）在活动开始之前编辑好客服回复，针对一些客户经常遇到的、有疑惑的问题依次做出解答，做到最快回复，并且加大力度宣传活动优惠政策。

（5）快递及物流，在活动开始之前要提前联系好，货源准备充分，切忌发错货、发次品。

四、天天特价活动中的注意事项

天天特价人群都是低价人群，比如产品不符合买家所想，会导致产品的中差评特别多，所以售后要学会巧妙地规避一些中差评，能做出适当让步的尽量让步。

五、天天特价规避活动的后遗症

想要规避活动后遗症最好的方法就是活动延续三天，维持转化率，加大付费推广的投入。另外，活动过后不要马上修改标题。

第 9 讲　淘宝站内推广 1：二维码推广、信用卡付款

一、二维码推广

随着移动互联网的发展，手机功能的强大，使用手机上网购物的人越来越多，于是，利用手机做与促销相关的活动也开始慢慢热起来了，其中最有效果的方式要数淘宝二维码。

1. 淘宝二维码的好处

淘宝买家通过手机上的二维码识别软件，扫描卖家发布的淘宝二维码，可以直接找到卖家的促销活动详情、店铺首页、宝贝单品等信息，免去了输入网址、关键词搜索的麻烦。淘宝卖家可以将二维码印刷到包裹中的宣传物上（如优惠券、宣传册等），随包裹发给买家，吸引买家通过二维码进入店铺进行二次购买，为商家带来源源不断的客流。卖家也可以在 PC 端店铺和商品详情页中贴出二维码，使顾客能够在手机中快速收藏店铺或者商品，以便于随时随地光顾。

卖家可以考虑在淘宝官方媒体（如淘宝天下）上发布带有二维码的促销活动。实力比较强大的卖家，还可以在自己的商品上贴上相应的二维码，以此实现二维码促销的目的。

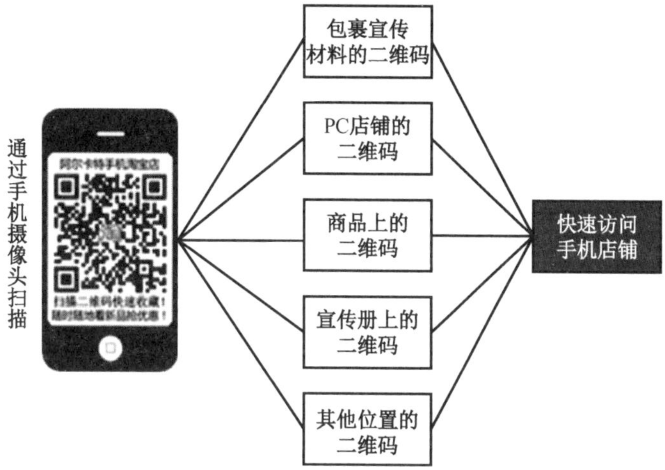

2. 买家的操作方法

淘宝合作的免费二维码软件有快拍、QuickMark、码上淘、魔印等。当前，一般有摄像头并安装有相应扫码软件的手机，都具备二维码扫描功能，只要买家打开这些软件，将摄像头对准二维码，就可以完成对二维码的识别，识别成功后手机将自动进入对应的网页。

没有软件或者摄像头的买家可以在手机上输入网址进入页面，然后输入活动码，同样能够进入相应的促销链接中。

二、生成店铺二维码的方法

每个店铺都可以生成自己的二维码，生成方式如下：

(1) 主账号登陆淘宝 PC 端，点击进入“卖家中心”。

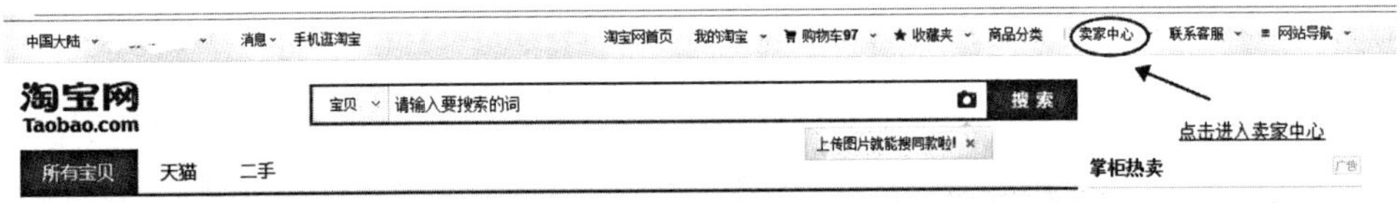

（2）在卖家中心页面，找到“店铺管理”下的“手机淘宝店铺”，点击进入“手机淘宝店铺”页面。

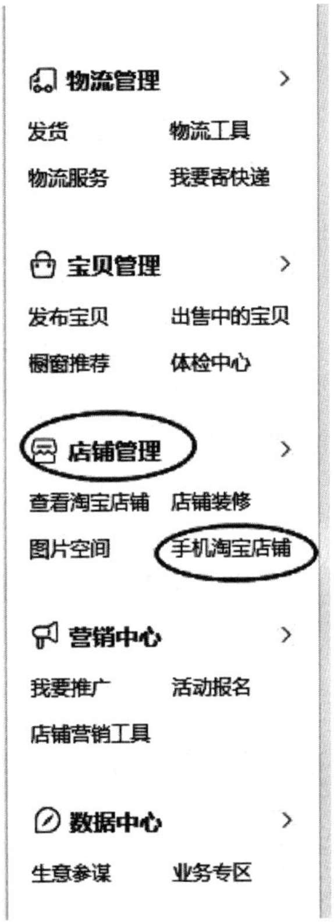

（3）点击页面右侧的“码上淘”超链接，进入操作后台。

（4）在“码上淘”页面中，点击左侧“创建二维码”下面的“通过链接创建”。

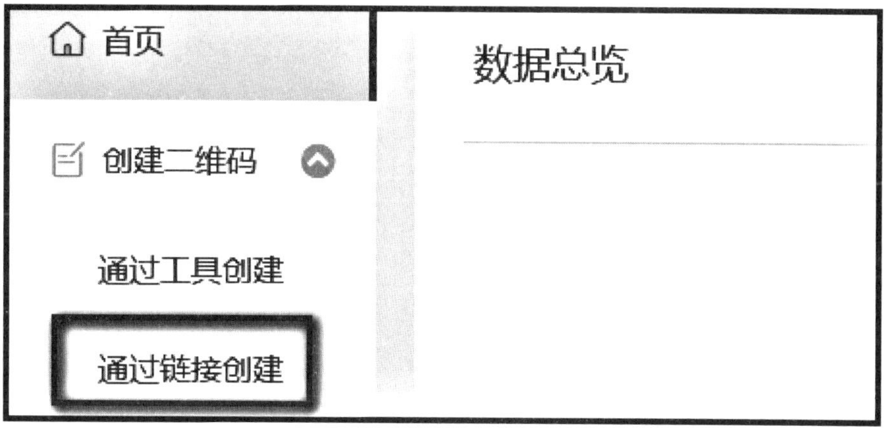

（5）在页面右侧出现“二维码页面链接”输入框，在框内输入店铺首页的链接，点击“下一步”。

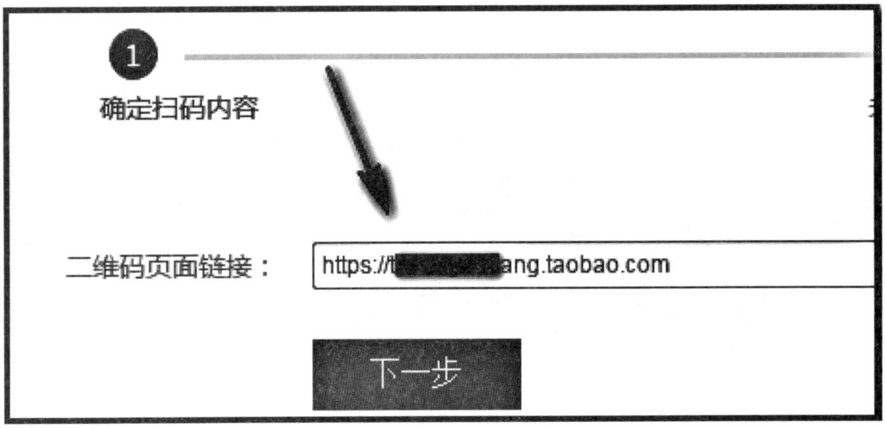

（6）在页面中的“二维码名称”输入框中输入名字，然后点击“下一步”。

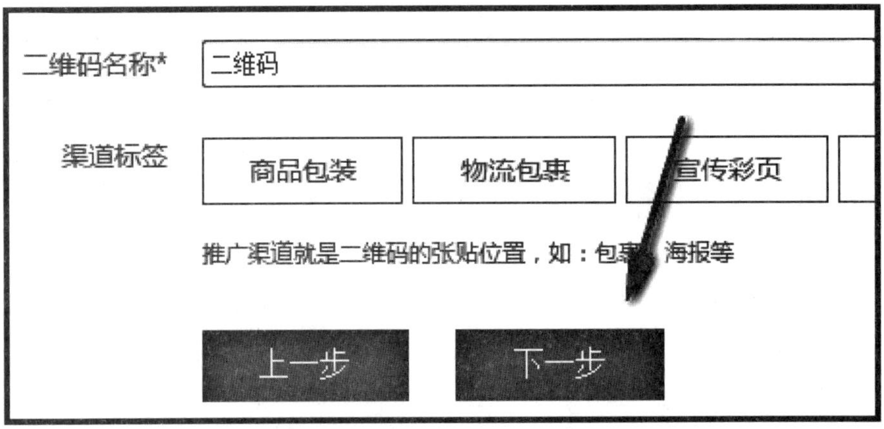

（7）这样生成的二维码，就是自己店铺的二维码了，下载保存即可。

三、如何用信用卡付款避开手续费

随着信用卡越来越普及，信用卡的好处被更多人发掘出来，越来越多的人选择使用信用卡购物，同样，在淘宝平台上，很多买家也会选择使用信用卡支付。

卖家开通信用卡支付功能，信用卡支付的手续费就是由卖家承担的，买家不需要承担这笔费用。如果卖家没有开通“信用卡支付”功能，而买家选择“信用卡快捷支付”，就需要产生一笔手续费。手续费为交易金额的百分之一，也就是说，如果买家选择用信用卡支付不支持“信用卡支付”的商品，就必须自己承担那笔手续费。这个时候，很多买家会选择用借记卡支付。

（1）分辨卖家是否开通“信用卡支付”功能。

打开淘宝商品链接，看到“支付（方式）”中有“信用卡支付”标志，即说明卖家已经开通信用卡支付功能。买家在进行交易付款时，可以选择使用信用卡快捷支付，不需要承担手续费。反之，如果没有相应标志，买家选择信用卡快捷支付，则需要自行支付手续费。

（2）下图为不支持信用卡付款的商品示例。

（3）下单付款时，出现下图的界面，显示手续费 1.89 元。

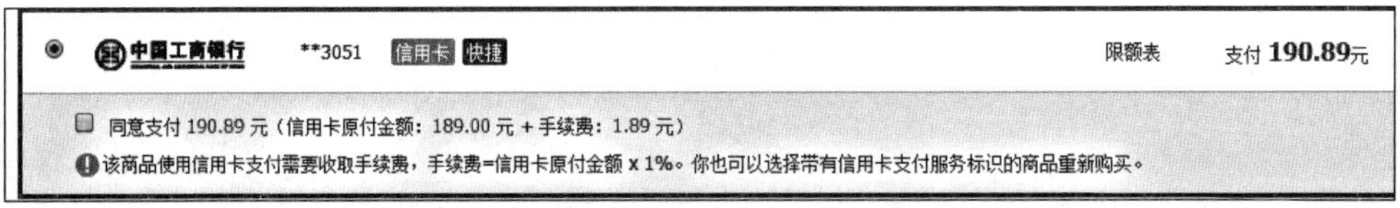

（4）如不愿意付手续费，可选择“信用卡网银”选项。

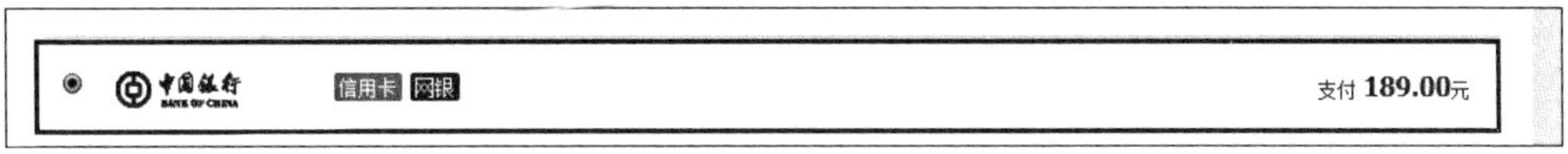

（5）按照提示按部就班地完成付款，同样不需要支付手续费。

淘宝购物自从能使用信用卡支付之后，大大增加了淘宝买卖的达成度。因为网上购物刷信用卡还能赢得积分。总体来说，信用卡支付有以下优势。

方便：支持大额交易一次性付款。

安全：有手机号码、身份证号码验证，有支付宝全程加密保护，购物更有保障。

积分：在淘宝网使用信用卡支付，也可获得银行积分，算入免年费次数。

注意事项：

① 积分是在交易完成即买家确认收货后 3～5 个工作日打入买家账户的。

② 目前支持网购得积分的银行有：中国银行、招商银行、光大银行等。

第 10 讲　淘宝站内推广 2：淘金币

一、什么是淘金币

1. 淘金币的认识

淘金币是淘宝网的通用虚拟积分。会员通过多种途径获得淘金币，并可以使用淘金币抵付或者兑换特殊折扣商品。

2. 淘金币的实用途径

买家通过活动赚取淘金币，在购物时可以用淘金币抵付。赚取淘金币的方法有很多，例如每日签到赚淘金币等。

卖家可以通过淘金币吸引买家，开展营销活动，增加顾客黏度，例如收藏店铺送淘金币等。

3. 淘金币活动

赚淘金币、花淘金币、活动引流淘金币等。

4. 卖家赚淘金币的方法

淘金币抵钱、优惠券赚淘金币、充红包得淘金币、淘金币店铺兑换等。

二、选择淘金币有何好处

1. 回馈客户

开通淘金币后，设置淘金币抵钱，买家购物时可以享受优惠，也就会更愿意购买。

2. 提升全店销量

在参加淘金币活动期间，店铺流量会增加，配以合理的关联销售，在打造爆款的同时提升店铺销量。

3. 提升收藏量与加购物车量

在参加淘金币活动期间，巨大的流量会带来更多店铺收藏与单品收藏。在淘宝的自然搜索规则里，产品销量与产品收藏量是很重要的因素。销量与收藏量的提升，带来的是产品搜索排名的提升。

三、常规淘金币活动解析

1. 日常活动

(1) 每日抢币，时限 1 天，要求 3 万金币起，展示在首页商品列表中。报名数量上限为 10 款。

(2) 1 分钱试用（没有搜索权重），时限 4 天，要求开店 90 天，店铺 5 钻，50～1000 金币（按类目），邮费不得超过 8 元，展示在手机淘宝“领金币”的“1 分钱试用”频道，报名数量上限为 3 款。1 分钱试用计入 detail 销量，不计入主搜销量，计入信用，计入评价。

(3) 超级抵钱（计入主搜，效果也不错），时限 1 天，店铺 5 钻，报名商品的 30 天销量不少于 10 件。无线端展示在淘金币超级抵钱（原半价币兑）频道，PC 端展示在“淘金币”中的“50%兑换”频道。报名数量上限为 5 款。计入店铺搜索权重，不计入 30 天最低成交价。

2. 主题活动

(1)“每日币抢”的“币有好货”活动。

（2）“每日币抢”的“今日特价”活动。

（3）“金币夺宝、超级爆款”活动。

（4）“精品爆款”等活动。

（5）“每日币抢”的“天猫商家专享”活动。

（6）“主题购”活动（针对单品），可选择商品对应的主题进行报名。

（7）“品牌汇”活动（针对店铺），针对店铺综合实力强的卖家，金币各类目提供若干个品牌坑位供报名。

3. 淘金币活动规则

（1）淘金币活动报名店铺要求。

① 开通卖家淘金币账户，并设置全店抵扣。

② 卖家淘金币数≥0。

③ 店铺内实物交易占比≥95%（虚拟类目除外）。

④ 店铺创建时间≥90 天。

⑤ 店铺星级：3 钻及以上。

⑥ 近半年店铺评分中“宝贝与描述相符”“卖家的服务态度”“卖家发货的速度”三项评分均达 4.6 及以上。

⑦ 人工介入退款≤6 笔。

⑧ 近 90 天内无虚假交易记录。

⑨ 累计违规扣分≤12 分。

（2）淘金币活动报名主题购商品要求。

① 销量：单价≤80 元的商品近 30 天成交量≥200 件；单价≤200 元的商品近 30 天成交量≥100 件；单价＞200 元的商品近 30 天成交量≥30 件；单价≥500 元的商品近 30 天成交量≥10 件。

② 有效评价数：单价＜500 元的商品近 30 天有效评价数≥30 条；单价≥500 元的商品近 30 天有效评价数≥10 条。

③ 报名商品抵扣前单价≤近 30 天最低价。

④ 每个卖家报名商品数≤2 件。

⑤ 淘金币抵扣比例为 1%～99%。

（3）淘金币活动报名品牌汇商品要求。

① 5 款热卖产品销量：单价≤80 元的商品近 30 天成交量≥200 件；单价≤200 元的商品近 30 天成交量≥100 件；单价＞200 元的商品近 30 天成交量≥30 件；单价≥500 元的商品近 30 天成交量≥10 件。

② 5 款热卖产品有效评价数：单价＜500 元的商品近 30 天有效评价数≥30 条；单价≥500 元的商品近 30 天有效评价数≥10 条。

③ 非热卖产品销量≥30 件。

④ 非爆品有效评价数≥10 条。

⑤ 报名商品抵扣前单价≤近 30 天最低价。

⑥ 淘金币抵扣比例为 1%～99%。

四、淘金币活动报名流程

淘金币报名路径：卖家中心—营销中心—金币换流量—金币招商。如图所示：

按照路径再选择日期，再选择报名活动主题。

注意：淘金币抵扣比例＜50％的计入主搜销量；淘金币抵扣比例≥50％不计入主搜销量；淘金币活动不计入 30 天最低成交价。淘金币活动报名通过率 90％以上。

五、淘金币活动的要点及注意事项

1. 有活动历史的店铺优先审核

所谓有活动历史的商铺，是指以前参加过淘金币活动的商铺。在以前的活动中成交量高的商铺再次报名，可以得到优先审核的权利。报名前，要做好预热营销等工作，确保活动成交量。有活动历史的缺点是，如果第一次成交量不高会影响后续的报名。

2. 同款横向比价，抵扣后最终价格低的商品优先审核（让利维度）

活动价格是活动审核的重要维度。让利维度表现为：①报名的商品活动价格不能高于行业平均价格。②在所有报名的同款或者同类商品中比较，价格低的会优先通过审核。

3. 近 3 天/7 天/30 天同比销量高的优先审核（销量维度）

报名淘金币活动，一定要保证待报名产品有一定的销量。销量是参加活动的审核维度。历史销量决定宝贝的受欢迎程度，从而也会在一定程度上决定活动的销售额。对于淘金币活动来说，销售额越高越好。活动审核会对报名商品与其他报名的相同或类似的商品进行近 3 天、7 天和 30 天的销量对比，销量高的优先通过审核。

4. 近 30 天有效评价数高的优先审核（评价维度）

有效评价是指带字的评价数量。例如，同样 2 件商品，A 商品有 1000 销量，800 个带字评价数，B 商品也有 1000 销量，带字评价数只有 100 个，那么在淘金币平台看来，A 商品更有信服力，所以 A 商品会更容易通过审核。

5. 活动商品支持帮抵的优先审核（帮抵维度）

金币不够卖家帮抵，是淘金币推出的让利功能。在买家淘金币不够的情况下，扣除商家的淘金币，帮买家抵扣不够的淘金币。在商品报名的时候，支持这个功能的商品会优先通过审核。例如，某商品其他方面的竞争力不够，开通卖家帮抵功能，可以适当增加通过审核的概率。

6. 包邮、7 天无理由退换货等服务功能齐全的优先审核（服务维度）

商品服务功能常用的有包邮、7 天无理由退换货、品质承诺、赠送运费险等，商家选择开通力所能及的功能。服务功能开得越多，通过活动审核的几率越大。

7. 综合实力，店铺动态评分高，好评率高的优先审核

店铺动态评分体现店铺的综合实力。报名的店铺 3 项动态评分全红，通过活动审核的几率较大；店铺的 3 项动态评分呈绿色，基本不能通过淘金币活动审核。好评率分两个方面，一是店铺的好评率，二是单品的好评率，好评率 98％以上才能通过审核。

8. 实物拍摄、如实描述、商品详情页质量高的优先审核

实物拍摄，图片清晰；如实描述，商品属性填写完整；商品详情页条理清楚。主图不要加太多的文字，也不要制作拼接图片。满足这些条件，且视觉和装修效果好的店铺会优先审核。

第 11 讲　淘宝站内推广 3：淘宝客

一、什么是淘宝客

淘宝客属于阿里妈妈推广平台，是一种按成交计费的推广模式，简称 CPS。也指通过推广赚取收益的一类人，淘宝客只要从淘宝客推广专区获取商品代码，任何买家（包括您自己）经过您的推广（链接、个人网站，博客或者社区发的帖子）进入淘宝卖家店铺完成购买后，就可得到由卖家支付的佣金；简单说，淘宝客就是指帮助卖家推广商品并获取佣金的人。

商家做淘宝客，是指商家联系淘宝客后，淘宝客把店铺内的产品推广到站外等其他地方，比如 QQ 群、微信群、其他网站等，达到淘宝以外的人群看到产品后会去购买的目的。

二、淘宝客体系

在淘宝客体系中，有淘宝联盟、卖家、淘客及买家四个角色。他们每个角色都是不可或缺的。

（1）淘宝联盟：推广平台，帮助卖家推广产品，帮助淘客赚取利润，每笔推广的交易抽取相应的服务费用。

（2）卖家：佣金支出者，提供自己需要推广的商品到淘宝联盟，并设置每卖出一个产品愿意支付的佣金。

（3）淘宝客：佣金赚取者，在淘宝联盟中找到卖家发布的产品，并且推广出去，当有买家通过自己的推广链接成交后，那么就能够赚到卖家所提供的佣金（其中一部分需要作为淘宝联盟的服务费）。

三、商家怎么推广

1. 寻找招商团长或者招商淘宝客

进入“卖家中心—营销中心—我要推广—淘宝客—互动招商”。

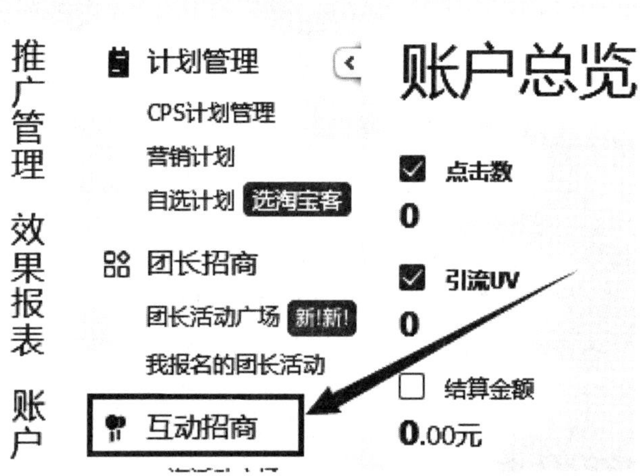

找到里面淘客留下的联系方式，如 QQ。添加好友后，等待对方验证通过，去谈合作推广。

2. 创建计划

第一步，进入“卖家中心—营销中心—我要推广—淘宝客”，点击进入淘宝客后台。

第二步，进入推广管理，会看到计划管理，选择“营销计划”。

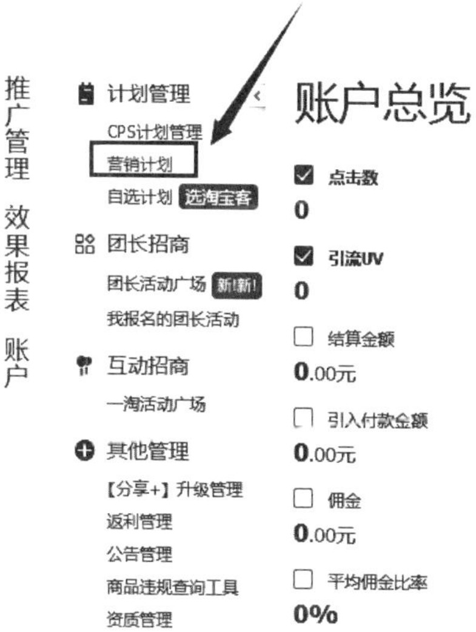

第三步，选择添加需要主推产品。

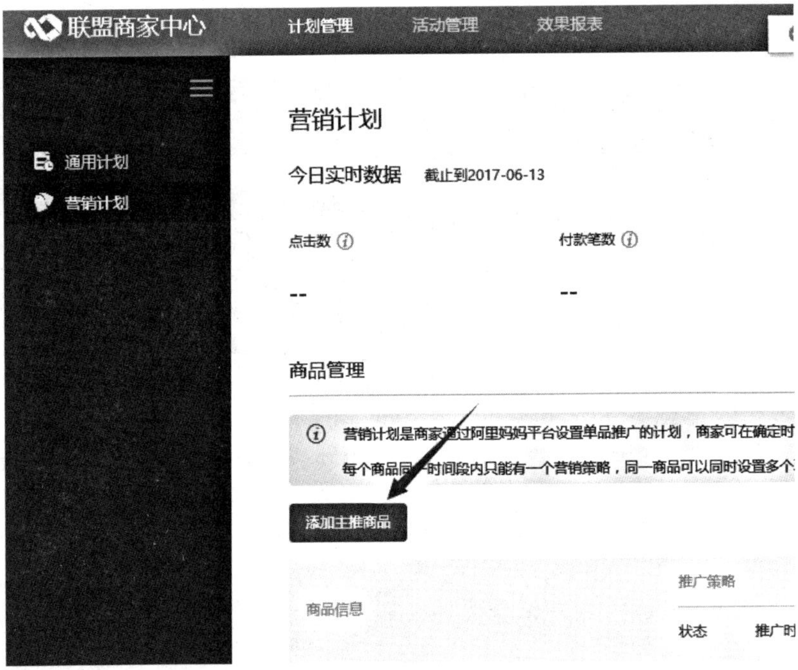

第四步，添加主推产品。

添加需要推广的产品之后，填写佣金，每个类目都不一样，如图是美妆类目，佣金最高40%。

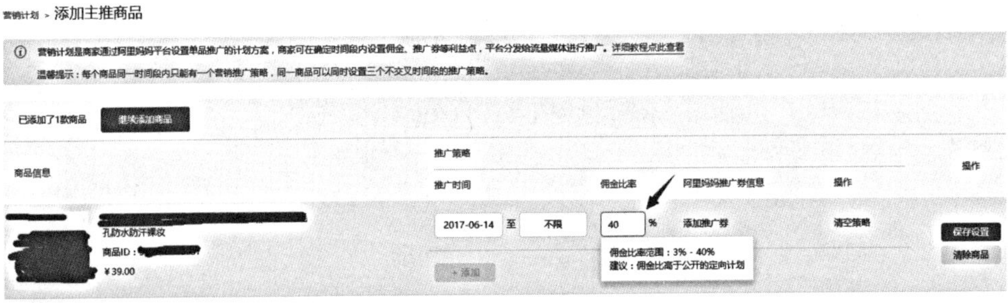

第五步，设置好产品的佣金，并且点击团长推广。

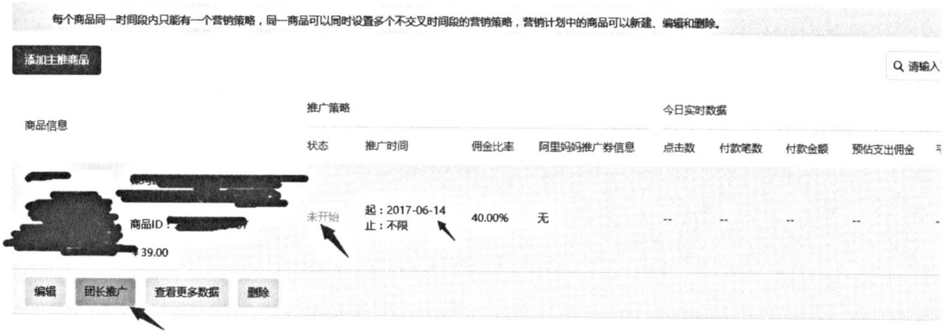

添加好产品后，切记如果想 9 号推，那至少 8 号就必须得设置好，最好提前两天设置好。切勿今天要推今天才设置。

第六步，添加淘客团长。

以奶爸至尊联盟团队为例，如下图。

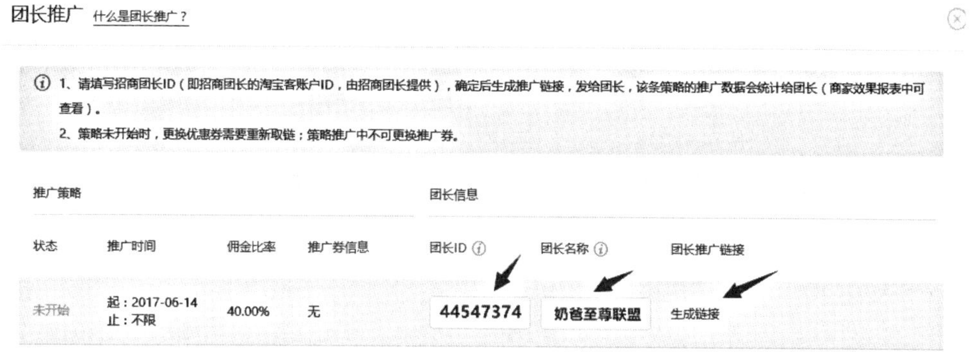

输入团长 ID44547374，团队名称填“奶爸至尊联盟”。填写之后请点击“生成链接”。

第七步，添加好淘客团长后，生成链接后，保存此链接，发送给招商团长或招商淘客。

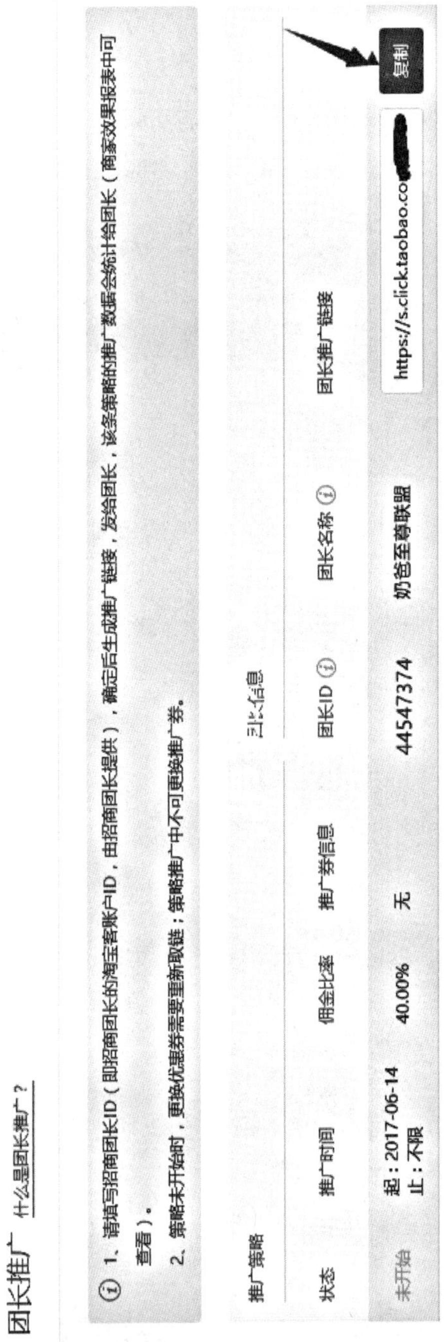
团长推广 什么是团长推广？
1、请填写招商团长ID（即招商团长的淘宝客账户ID，由招商团长提供），确定后生成推广链接，发给团长，该条策略的推广数据会统计给团长（商家效果报表中可查看）。
2、策略未开始时，更换优惠券需要重新取链；策略推广中不可更换推广券。
推广策略
团长信息
状态
推广时间
佣金比率
推广券信息
团长ID
团长名称
团长推广链接
未开始
起：2017-06-14
止：不限
40.00%
无
44547374
奶爸至尊联盟
https://s.click.taobao.co[redacted]
复制

3. 设置阿里妈妈推广券

根据阿里妈妈官方要求，目前淘客推广的优惠券类型是阿里妈妈优惠券。创建步骤如下：

第一步，进入“卖家中心—营销中心—店铺营销工具—优惠券”，点击进入创建优惠券后台。

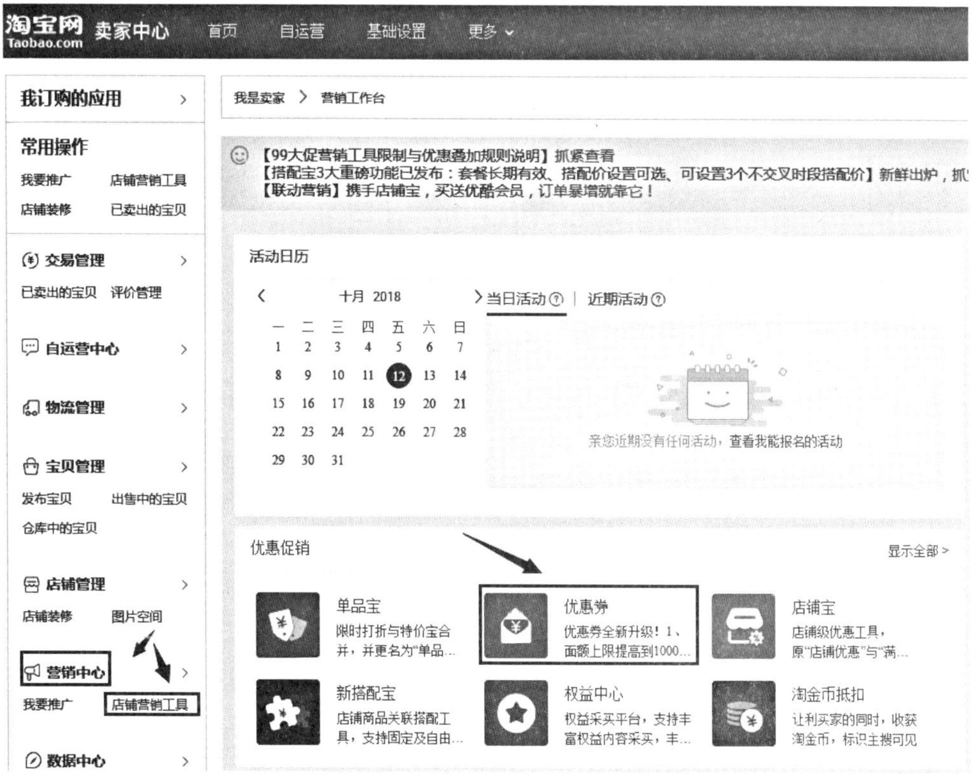

第二步，找到阿里妈妈推广券，它分为商品券和店铺券，两种券的设置方法是一致的，在这里我们以商品券为例，点击“阿里妈妈推广—商品券”。

第三步，进入创建优惠券设置页面，根据自己的推广需求来填写相应内容即可，填写完后，确认创建。

创建成功效果如下。

第四步，点击返回列表，然后点击商品优惠券，找到新建的阿里妈妈券，点击链接，复制，发送给招商团长或招商淘客。

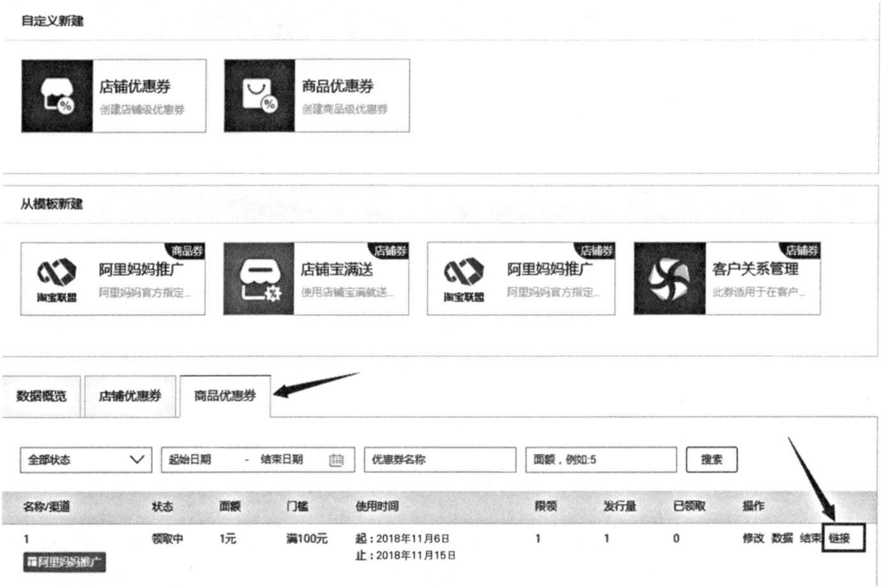

四、淘宝客推广优势

提供最底层推广元素，满足各类自定义推广需求。

推广精准到店铺和商品，直击用户需求。

推广内容和推广途径完全自定义，灵活多样。

推广流程简单，一键获取推广代码，甚至不需要拥有自己的网站。

第 12 讲　淘宝站内推广 5：淘宝直通车

一、中小卖家直通车的正确用法与时机

现在，淘宝的卖家都知道直通车的重要性，很多商家夸大或者忽视直通车的作用，都是缺少正确认识的表现。但是，如果不恰当地参加直通车活动，也很可能适得其反。

比如，某卖家新品一上架就用直通车去吸引流量。由于新品上架没有销量、没有评价，也没有其他提高买家信任度的参考点，这样参加直通车，很难带动转化率。

再比如，某些卖家在不了解直通车的情况下盲目“开车”，甚至把八个计划全部打开，在没上分之前就去推广，加大量的关键词，单品的点击率低，把计划权重拉得非常低，而计划权重一低就会导致点击花费（PPC）非常高，直通车就会越来越贵，后续也会越来越难开。

（一）区别对待不同目的的直通车

商家目的不一样的时候，直通车的用法也不一样。比如，现在的目的是上分，此时应该重点关注点击率。这种情况下加进去的词就不能太多，避免不能够完全控制住每一个词的点击率。上分以后，商家需要拓展关键词，在能够维持权重的前提下，通过拓展大量的词来获得大量的点击。

再比如，有卖家把直通车计划权重做得非常低，这种情况应该区别对待。先把计划的权重拉上来，再来开直通车，否则单个点击花费（PPC）太高，在这种情况下不适合任何一种推广方式。如果几十块钱换一个点击，很少有卖家能花得起这个成本，因为一般的中小卖家做推广的资金原本就不多。

（二）直通车介入的好时机

近年淘宝对付费流量的占比有了很大的要求，现在商家应该对直通引起重视，开了直通车跟没开差别很大。具体体现在关键词的权重、单品的权重、店铺的权重等方面。当免费搜索流量达到瓶颈，就需要直通车来辅助搜索关键词的流量提升。开通直通车，可以辅助自然搜索，带来更多的免费流量。

1. 直通车强化店铺标签，获取更多的个性化搜索流量

淘宝免费的自然搜索流量，越来越依赖个性化搜索技术。店铺标签和产品标签越明确，淘宝匹配精准的自然搜索流量就会越多。而直通车就是强化店铺标签和产品标签的有力工具。

针对店铺标签，直通车适用的情况包括：

（1）店铺标签比较混乱的时候。

（2）刚开的新店，新品标签不明确的时候。

（3）店铺准备换产品需要调整标签的时候。比如，某商家的店铺，原来主要出售韩版的连衣裙，现在因为个人喜好，转卖民族风的连衣裙。

商家需要把原来“韩版”的店铺标签调整过来，调整成“民族风”的标签。因为原本的标签还在的话，进来的流量可能还是喜欢韩版的居多，所以需要借助直通车完成这个调整过程。思路就是，围绕“连衣裙民族风”这个核心关键词，把相关的长尾词建立精准的直通车计划，尽量出价靠前，引进更多的流量。随着流量、收藏、加购、转化等指标逐渐上升，标签就会慢慢转向。其

中会围绕着“连衣裙民族风”这个词，会关联出来约500个词，在这约500个词中，只要能用的就都用上。这个方法建立的基础是：每一个直通车进来的流量，都是有“民族风”这个标签的。

2. 围绕核心词精准开启直通车

新商品刚开始，商家想给店铺打什么标签，都可以通过“围绕核心词”精准直通车计划来实现。如果类目不变，只是把低端商品的标签，做成高端商品的标签，也可以通过直通车计划来扭转这种价格标签。

比如“连衣裙民族风”，查看“民族风”这个标签原来对应的价格标签。如果商家调整到更高的价位，“连衣裙民族风”这个核心词无须变换，可查看这个核心关键词的搜索人群画像，如果跟商家准备销售的新价格相吻合，就可以围绕这个词，把长尾词建立一个直通车计划，成功实现转变价位。

（三）开直通车持续提高店铺层级，进而提高店铺的综合搜索权重

店铺层级是制约免费流量获取的“天花板”。

第一和第二层卖家（底层卖家）数量是全部卖家的70%，只能竞争30%的流量。

第三到第五层卖家（腰部卖家）数量是全部卖家的25%，能分到40%的流量。

第六和第七层卖家数量是全部卖家的5%，能分到30%的流量。

所以，在其他条件不变的情况下，层级越高，商家能够获取的免费自然搜索流量就会越多。当商家到达一个层级顶端的时候，就可以通过加大直通车投入来突破店铺层级。

比如，某商家在该层级的前100名，此时就可以加大直通车投入，一般至少是翻倍。店铺层级突破的时候，理论上商家所能获的免费自然搜索流量就会

提升。

如果竞争对手变强，商家自己的流量有可能会小幅度下滑，此时也可以用直通车。只要投入直通车，保住店铺层级，稳定流量水平即可。

（四）大促前开直通车获取更多的搜索扶植

该做法的目的是获得更多自然搜索流量的扶植。大促当天，流量一定会暴增，增加的流量需遵守“分配的原则”。在大促前一周，加大直通车投入，从而提高店铺的层级排名（持续地提升）。虽然不一定能突破层级，但只要能连续一周上涨，对店铺的综合权重就有正向的影响，使得大促当天可以获得更多的搜索扶植。

另外，提前开直通车（针对主推款），可以在大促来临之前积累基础销量。大促当天，因为需要业绩，所以销量权重比较高。

现在是千人千面的时代，手机淘宝首页的流量是保持单品流量稳定的关键所在，直通车定向的推广可以增大手机淘宝首页的流量，商家可用直通车开定向让流量爆发。

二、直通车的几大作用

1. 测图测款

在淘宝越来越成熟的现在，电商的思维一定要跟着转变，现在已经不再是随便上个产品就能卖的时代。现在做淘宝的很多，竞争比较大，同款同风格的太多，换言之，买家的选择越来越多。所以，在这样的情况下，对产品的要求越来越高，宝贝要做起来，产品占比 50％，视觉占比 30％，推广的方式占比 20％，可想而知，产品对商家的重要性。一款好的产品即便不做过多推广，依然可以爆起来，因为产品本身已经足够好。

因此，提前知道产品的好坏，对商家十分重要，这种人工预知产品好坏的方法俗称测款。测款的方法有很多种，最快、最精准的当属直通车。直通车是以关键词来搜索驱动的，买家在有需求的时候才会输入关键词进行搜索，因此，人群肯定是非常精准的。

直通车开车操作包括：选词、设置分时折扣、选择投放平台、选择针对地域、为关键词出价、确定精准还是广泛匹配、选择人群、设计创意等。

（1）选词。

一般类目的选词用系统推荐词即可，加入计划后再由商家人工筛查一遍，删掉明显不合适的，也删掉质量得分低的。比如，有些商家用最精准的 10 多个词，效果明显。

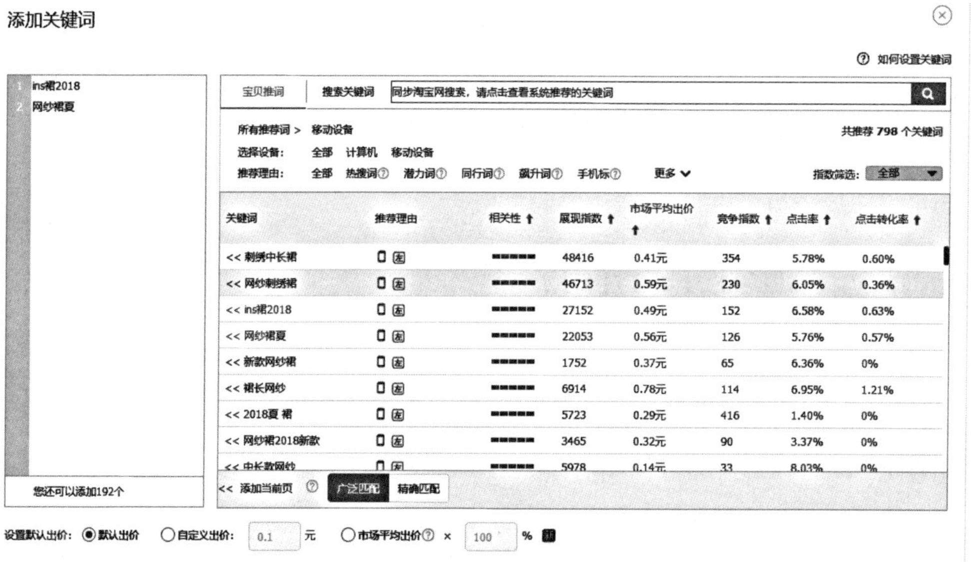

（2）分时折扣。

一般在 9：00～23：00，开 90%或者 100%。其他时间段，买家基本在休息，用淘宝的人少，出来的数据会不精准。

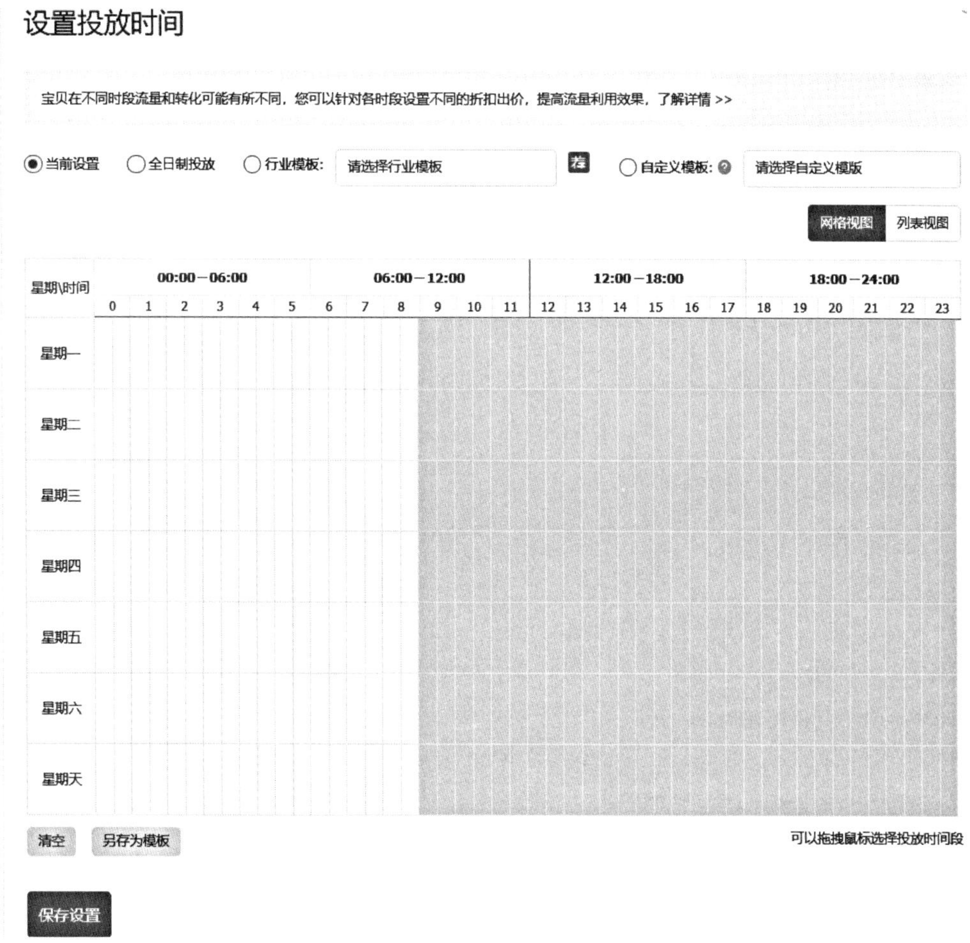

（3）投放平台。

关掉淘宝站外投放，关掉 PC 端投放，只开无线端站内投放。现在，大部分类目在手机上搜索并完成交易，这些类目可以关掉 PC 端。另有一些类目需要 PC 端来推广。卖家可以从直通车后台看到本类目的占比，再做相应的决定。

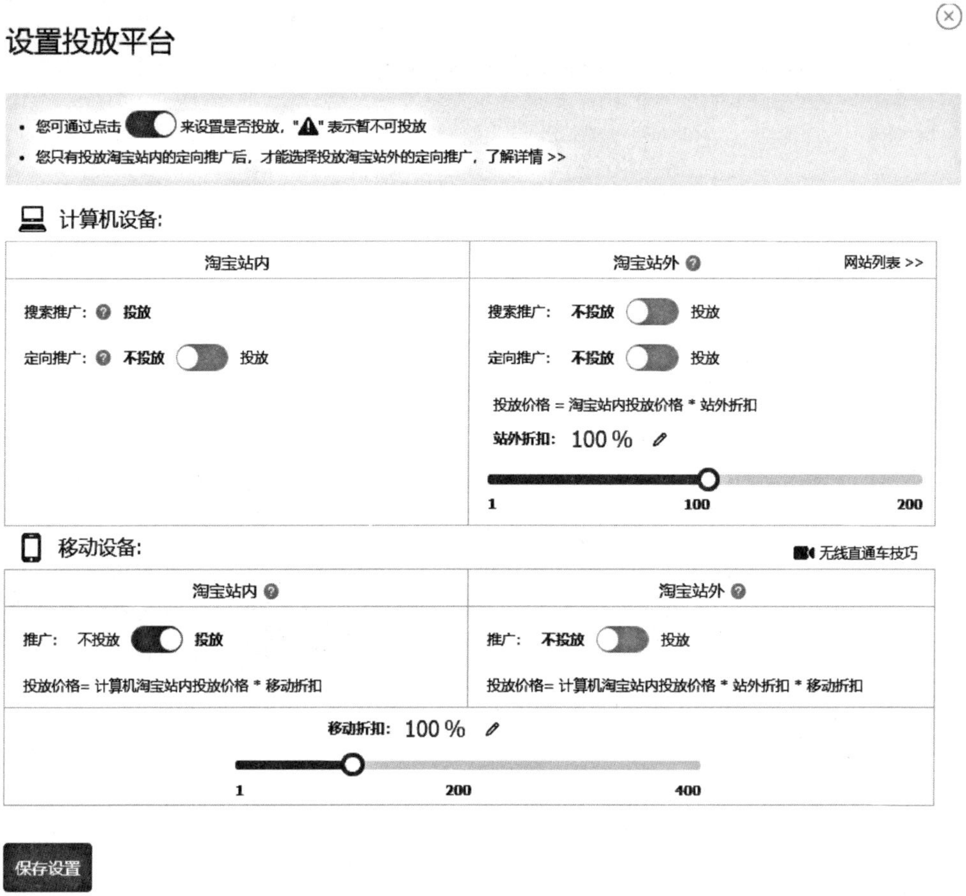

（4）投放地域。

一般情况投放地域全开（不包括特殊类目）即可，需要考虑运费的偏远地区可以除外。

（5）匹配方式。

先开广泛匹配，这样做是因为展现量足够大。随着时间推移，可以看到有些词的点击率很低，这时再把点击率低的词开精准匹配。这样做是因为使用广泛匹配时，有时候匹配来的关键词差别很大，可能会影响点击率。

精准匹配和广泛匹配的区别：举个例子来说明，如关键词“蕾丝连衣裙修身”，当直通车关键词选择精准匹配的时候，只有客户搜索“蕾丝连衣裙修身”的时候才能匹配到这个产品；当直通车选择广泛匹配的时候，客户搜索“连衣裙修身”的时候，也能匹配到这个产品，这就是精准匹配和广泛匹配的区别，所以一般选择精准匹配来限制某类关键词的出现。

（6）人群。

因为是测款测图，需要的是大众的反馈数据。开直通车的时候，需要根据自己的产品和店铺情况来决定重点投放人群。

直通车标准推广人群分为 6 类：

① 淘宝首页潜力人群。

② 优质人群。

③ 付费推广/活动人群。

④ 节日人群。

⑤ 同类店铺人群。

⑥ 自定义人群。

（7）创意。

测图前期，四个创意项要加满，用轮播的方式分别展现；测图结束后，充分利用四个创意，用不同的标题，以匹配关键词的相关性。

“行业点击率”加“人气的数据（收藏加购率）”，再除以总的访客数，结果

要大于8%才算达标，数值越高越好，特殊类目除外（部分类目可能低于这个值，部分类目远远高于这个值，比如零食）。公式总结：（收藏量＋加购量）/访客数＝收藏加购比，商家可以自行套公式计算判断自己的产品是否达标。

2. 贴标

贴标是给店铺与产品贴上它应该具有的精准标签。宝贝关键词受相似人群的喜欢，并由此产生点击、加购、收藏、成交等行为，系统就会给这个宝贝打上特定的人群标签。

某些商家可能有过这样的经历，前期不懂推广，一直盲目地进行人工操作，找到的人群不精准。比如碎花连衣裙，一般年轻小姑娘才会穿，也就是购买人群应该是以 18～26 岁年龄段女性为主。但参与人工操作的买家年龄与这个不符合，甚至以男性的账号居多，该产品的标签就会变得很混乱，后续进来的流量会非常不精准，从而导致转化率变低，店铺从此走向不良发展。此时，商家就要依靠直通车来扭转标签，把店铺的标签从混乱扭转为精准，回到正确的轨道。

3. 提升免费流量

流量的来源分为两种：一是付费流量，二是免费流量。

对卖家来说，靠付费流量生存并不是长久之计，免费流量才是店铺生存的可行之道。现在很多卖家都在做付费推广引流，其目的是通过付费流量获取免费流量。

付费流量推广方式有淘客、直通车、钻展、达人等，而获取免费流量最快速的方法就是直通车推广，直通车相比其他付费推广方式引流更精准，更容易获得标签。

比如，某些商家说，亏一点也没事的，只要自然流量能上升怎么样都行，开直通车的目的不是赚钱，而是用来引入免费流量。实际上，开直通车的最终目的是引入免费流量，但是也要控制好 ROI。

付费流量和免费流量之间是互相促进的关系。

免费流量的入口有很多，最主要的两个流量入口是手机淘宝搜索和手机淘宝首页，只有把这两个做起来才能获得流量权重。想要获得手淘流量，首先，商家要保证自家宝贝能被人看见，如果别人看不到，再好的宝贝也无用。

宝贝想要获得好的展现，就不得不进行付费推广，付费推广的方式有很多，除了直通车，还有淘宝客和钻展等。淘宝客和钻展主要是用来冲销量、补流量、报活动的，尽管充当配角的角色，但也是不可或缺的手段。付费推广占比一般控制在10%～30%左右，但是由于每个店铺的情况不同，具体把控还要根据数据做合适的调整。

三、增强推广

1. 推广计划

PC端和无线端要分开做计划，一般要把重点放在无线端，不要投放在站外。

2. 计划测试

推广计划里的创意主图和标题需要测试。标题的关键词排序不同，标题权重也不同。商家可以通过两种方法来测试：一是同样的图不同的标题，二是同样的标题不同的图。

3. 关键词选取

不管是老店、新店，还是旧品、新品，用直通车推广主要是从关键词入手，关键词推广是精准流量的核心来源，选择什么样的词，决定了引来的是什么样的流量，所以关键词的选择至关重要。商家要选择的关键词必须是带“手机标”的关键词，这类词符合买家的搜索习惯，更容易获得展现机会。

要尽可能地确保所选关键词和宝贝标题、宝贝属性、宝贝推广标题相关，这样才能提高匹配度。不同的词权重不一样，要广泛选词，一级词、二级词、精准长尾词都需要选，方便观察对比优化。商家尽量选一些权重高的词，至少要保证所选关键词质量得分在8分及以上，这样账户权重才会升得快。

4. 如何卡位

不同的关键词竞争度不同，商家需确保每个关键词都必须卡在首位。卡位的时候，要避开比自己有优势的店铺。

商家刚开始开直通车，必须把钱用在刀刃上。比如，有关大词卡位，大词的竞争大，商家无须花高价去卡首位，因为虽然大词竞争大，展现权重，但即使早期的排名靠后少许，也无妨。

精准长尾词相对大词竞争小很多，但展现权重也低。此时应出高价抢排名，这样才能保证有展现，引进来的流量也很精准，转化就会相对高，商家展现权重提升也很有利。

5. 权重递增

权重递增的核心是流量递增，要尽量保证每天或者周期内展现点击率、点击量达到日限额。

设置后，开 7～14 天，把关键词的流量拓展到极致，把 PPC 降到最低，然后开定向投放。使用定向投放增加手机淘宝首页的流量，定向投放也要跟关键词计划一样使用递增的操作方法。

6. 辅助做热卖款

中小卖家新店新品上架的时候，获取不到访客，产品没有基础销量，就不会有转化。所以，在条件允许的情况下，有了基础的评价、基础的晒图、基础的“问大家”之后，商家就可以开直通车推广了。

（1）开直通车会带来关键词免费搜索的流量，也会带来这个关键词的搜索权重，甚至可能提高排名。

（2）直通车会给商品贴上一个非常精准的人群标签，提高转化率，从而让产品获得一个良性的发展环境。

（3）商家不可忽视个性化推荐流量，即手机淘宝首页的流量。现在，一个普通的店铺都会由这个流量来保持整个店铺的流量平衡。比如，某商家的流量以前像过山车一样起起伏伏，开直通车后，带来了大量的手淘首页流量，并转化这些流量。只有长久地保持流量增长，店铺才会长久不衰。

第 13 讲　淘宝站外推广：八仙过海各显神通

一、微信推广

1. 微信

微信是一个为智能移动终端提供即时通信服务的应用软件，超过 9 亿人在使用。微信支持发送文字、图片、视频、语音短信等形式的通信内容，仅耗少量移动流量，适合大部分智能手机使用。

2. 为什么要用微信推广

（1）微信是目前常用的社交平台之一，覆盖中国 94%以上的智能手机。

（2）微信无须付费，容易上手，操作简单，用户多，效果好。

（3）微信可以增加客户黏度，改变和客户的沟通方式，并持续地影响客户。

3. 微信推广的具体方法

微信推广的常用方式为个人微信（含朋友圈）、订阅号、服务号、微信小程序等。

（1）个人微信的使用前提是吸粉，增加好友和粉丝数量。目前吸粉的主要形式：①靠店铺的积累，导入精准的种子客户；②红包吸粉；③礼物吸粉；

④粉丝介绍新的好友。积累粉丝的同时，需要做好日常运营，主要分为三块内容：①每天的好友问候和朋友圈运营；②每周一次的活动营销；③每月一次的大促。

（2）订阅号，就是信息的订阅，倾向于媒体和信息分享。个人申请，只能申请订阅号。每天可以发送1条群发消息给已关注的粉丝，消息内容会显示在对方的订阅号文件夹中。

商家利用订阅号发送促销信息，邀请粉丝转发给好友或转发到朋友圈，从而起到推广活动的作用。

（3）服务号，30天内可以发送4条群发消息。发给粉丝的消息，会显示在对方的聊天列表中。推广方式与订阅号基本相同，主要依靠邀请粉丝转发等。

（4）微信小程序，是一种不需要下载安装即可使用的应用，粉丝通过扫一扫或者搜索即可打开，随时可用，用完即走，适合生活服务类线下商铺。小程序的功能有消息通知、线下扫码、公众号关联等。例如，通过公众号关联，用户可以实现公众号与小程序之间相互跳转。

二、微博推广

1. 微博

微博是用户通过WEB、WAP等各种客户端组建的个人社区。商家可以通过微博分享即时信息。

2. 为什么要用微博推广

（1）选择微博的第一要素是流量大。微博的月活跃用户已突破4亿人，当粉丝达到一定的数量后，就可以迅速提升知名度。

（2）可以和大 V 互动。大 V 是指在微博平台上获得认证、拥有众多粉丝的微博用户。例如明星、知名企业的领导人等。和大 V 互动，借助他们的资源，实现效益最大化。

3. 可以选择的平台

①新浪微博；②搜狐微博；③腾讯微博。

4. 微博推广的具体办法

（1）在开始微博推广之前，添加基础粉丝。

（2）以原有的粉丝做基础，举办活动吸粉。

（3）专注内容运营。

三、视频站外推广

视频营销指的是企业将各种视频短片以各种形式放到互联网上，达到一定宣传目的的营销手段。视频营销的特点是速度快，而且可以重复观看。

1. 视频的分类

（1）短视频。

常用的短视频软件有抖音、美拍、微视等。

（2）长视频。

常用的长视频软件有优酷、土豆、搜狐、腾讯等。

（3）直播。

常用的直播平台主有 YY、陌陌、斗鱼等。

四、线下推广

线下推广的思维方式是，用“做独立网站的思维方式”去做网店。线下推广最大的好处就是可以做私域粉丝经济，举办活动，增加黏性，且容易管理。例如，找和自己产品相关的群，或者用传单过滤人群，在人群聚集的基础上，定期举办线下聚会，像朋友一样相处，以此增强凝聚力。

第 14 讲　店铺运营规划

运营管理是对运营过程的计划、组织、实施和控制，是与产品生产和服务创造密切相关的各项管理工作的总称。同时也是对产品生产、产品服务的系统进行设计、运行、评价和改进的管理工作。运营规划是个人或组织制订的比较全面的、短期或者长远的发展计划，是对未来整体性、长期性、基本性问题的思考和考量，是关于未来整套行动的方案。

一、短期规划

短期规划最基本的问题是“生存”，只有生存下来，才有发展的机会。生命是一切事物的载体，商家所运营的项目也有生命。例如，一粒种子种到了土地里面，只有活下来了，才会有长大的一天，而决定它成长后的样子的，是它的基因。

商家需要进行的短期规划，大致包含以下几个方面：

（1）淘宝活动报名规划。

（2）多渠道发展规划。

（3）多元化盈利模式规划。

（4）老顾客维护规划。

（5）广告投放规划。

（6）前期需要的一切资源的规划。

二、中期规划

中期规划最基本的问题是发展。经历了前期的生存问题，进入舒适期，就像温水煮青蛙，生命力被慢慢地在消耗。居安思危，是这个阶段应该一直保持的思维。现在的社会发展迅速，只有不断壮大自己，才能抵御未知的风浪。

商家需要进行的中期规划，大致如下：

（1）人员规划。

（2）资金分配规划。

（3）店铺发展节奏规划。

（4）一切和发展有关系的资源规划。

三、长期规划

长期规划最基本的问题是“巩固”和“壮大”。长期规划，一般由企业的灵魂人物完成。

第 15 讲　观察店铺增长趋势，做好财务规划

财务规划是指纳税人或其代理人在合法合理的前提下，自觉地运用税收、会计、法律、财务等综合知识，采取合法合理的手段，以期降低税收成本、服务于企业价值最大化的经济行为。此处所指的财务规划，特指资金的规划。

在店铺增长的每个阶段，需要面临和考虑的资金规划有相同的，也有不同的。相同的几个方面是：①员工资金规划；②货物储备；③物流费用；④推广费用；⑤场地租金；⑥增值服务；⑦团队建设。

短期、中期、中长期和长期的规划，在每个阶段都需要重点考虑其不同之处。

一、短期财务规划

在短期财务规划中，主要考虑推广费用、团队建设、货物储备等因素。短期财务规划一般的周期为 10 天，因为淘宝从发货到确认付款的周期大致是 10 天。因此，做短期财务规划时，需要准备够 10 天出售的商品，以及相应的推广费用、团队建设费。新成立的团队，凝聚力不会太强，使用团队建设费可以加强凝聚力。

二、中期财务规划

随着时间的推移，原始数据的积累，货物储备的周期逐步从 10 天调整到 1 个月，因为周期变长，稳定性也会变得越长。

中期的财务规划，一般的周期为 1 个月。一般资金的支出是按月计算，员工的工资、货物的储备、物流费用等都是按月来计算。

三、中长期财务规划

中长期的周期是 1 个季度，或者 2 个季度，商家按照自身的需求决定周期时间。比如，服装等季节性非常明显的行业，一般财务的规划都是 1 个季度，如果是 4 个季都可以卖的产品，如电器类的就可以考虑 2 个季度。

在中长期的规划当中，需要考虑的内容包括推广费用、人员薪资体系、货物储备、物流费用、场地租金、增值服务、团队建设等方面。

四、长期财务规划

中长期的周期是 1 个自然年。和中长期规划相同，店铺的增长稳定性很强，时间周期逐步变长，1 年左右的规划资金是很常见的，尤其是稳定以后的公司。

公司具备一定的稳定性和资金的实力后，必须要做好财务规划。比如，某个做母婴类目的创业者，月销售额已经做到 2000 万元左右，但整个公司的现金储备几乎都没有，全部都被投入货物、推广等方面就是不合理的。现金才是王道，这对于任何公司都是一样的，必须具备一定的现金储备，来应对未来不可预测的风险，否则有个风吹草动，就可能会导致整个公司全面崩溃瓦解。

编写委员会